विजय तेन्दुलकर

जन्म : 6 जनवरी, 1928। मराठी के आधुनिक नाटककारों में शीर्षस्थ विजय तेन्दुलकर अखिल भारतीय स्तर पर प्रतिष्ठित एक महत्त्वपूर्ण नाटककार थे। 50 से अधिक नाटकों के रचयिता तेन्दुलकर ने अपने कथ्य और शिल्प की नवीनता से निर्देशकों और दर्शकों, दोनों को बराबर आकर्षित किया। पूरे देश में उनके नाटकों के अनुवाद एवं मंचन हो चुके हैं। हिन्दी में उनके 30 से अधिक नाटक खेले जा चुके हैं।

'ख़ामोश! अदालत जारी है', 'घासीराम कोतवाल', 'सखाराम बाइंडर', 'जाति ही पूछो साधु की' और 'गिद्ध' आदि बहुचर्चित-बहुमंचित नाटकों के अलावा उनकी प्रमुख नाट्य-रचनाएँ हैं—'अंजी', 'अमीर', 'कन्यादान', 'कमला', 'चार दिन', 'नया आदमी', 'बेबी', 'मीता की कहानी', 'राजा माँगे पसीना', 'सफ़र', 'नया आदमी', 'हत्तेरी क़िस्मत', 'आह', 'दंभद्वीप', 'पंछी ऐसे आते हैं', 'काग विद्यालय', 'काग़ज़ी कारतूस', 'नोटिस', 'पटेल की बेटी का ब्याह', 'पसीना-पसीना', 'महंगासुर का वध', 'मैं जीता मैं हारा', 'कुत्ते', 'श्रीमंत', 'विठ्ठला' आदि।

विजय तेन्दुलकर के नाटकों में मानव जीवन की विषमताओं, स्वाभाविक व अस्वाभाविक यौन सम्बन्धों, जातिगत भेदभाव और हिंसा का यथार्थ चित्रण मिलता है। उनके अधिकांश पात्र मध्यम एवं निम्न मध्यमवर्ग के होते हैं और उनके विभिन्न रंग इन नाटकों में आते हैं।

निधन : 19 मई, 2008

विजय तेन्दुलकर

खामोश! अदालत जारी है

अनुवाद
सरोजिनी वर्मा

राजकमल पेपरबैक्स

मूल मराठी नाटक : 'शांतता कोर्ट चालू आहे' से अनूदित

राजकमल पेपरबैक्स में
पहला संस्करण : 2011
आठवाँ संस्करण : 2026

राजकमल पेपरबैक्स : उत्कृष्ट साहित्य के जनसुलभ संस्करण

राजकमल प्रकाशन प्रा.लि.
1-बी, नेताजी सुभाष मार्ग, दरियागंज
नई दिल्ली-110 002
द्वारा प्रकाशित

शाखाएँ : अशोक राजपथ, साइंस कॉलेज के सामने, पटना-800 006
पहली मंजिल, दरबारी बिल्डिंग, महात्मा गांधी मार्ग, प्रयागराज-211 001
1, अनमोल सोराबजी सन्तुक लेन, धोबी तलाव, मरीन लाइंस, मुम्बई-400 002
वेबसाइट : www.rajkamalprakashan.com
ई-मेल : info@rajkamalprakashan.com

बी.के. ऑफसेट
नवीन शाहदरा, दिल्ली-110 032
द्वारा मुद्रित

मूल्य : ₹ 250

KHAMOSH! ADALAT JARI HAI
Act Play by Vijay Tendulkar
Translated by Sarojini Verma

ISBN : 978-81-267-2122-1

अमर मामा और माणिक ताई को
जिनसे मराठी भाषा का प्यार मिला!

—सरोज

लेखकीय

नाटक कैसे न लिखा जाए, इसका यदि कोई फॉर्मूला होता हो तो उसी फॉर्मूले के आधार पर तथा उसी तरह की परिस्थितियों के बीच यह नाटक लिखा गया।

इसीलिए जब नाटक की प्रशंसा में कुछ लिखा या कहा जाता है तो मैं इस बात को महसूस करता हूँ कि इसका श्रेय मुझे नहीं है।

रंगायन के जिद्‌दी कलाकारों ने प्रयोग के दो दिन पूर्व तक पीछे पड़कर जबरन मुझसे यह नाटक पूरा करवाया। कुछ ठीक बन पड़ा हो तो उसका श्रेय उनको है।

इस नाटक का विषय तथा पात्रों की रूपरेखा पार्ले में अभिरूप न्यायसभा का कार्यक्रम करने के लिए हुई एक मंडली से मुझे मिली। उनके बीच चलता हुआ पूर्वाभ्यास और चर्चाएँ सुनता हुआ मैं ही उन्हें थिएटर तक ले गया। कुमारी बेणारे की केन्द्रीय व्यक्ति रेखा एक कविता के भीतर से उभरकर आई। श्रीमती शिरीष पै की यह सुन्दर कविता कुमारी बेणारे के मुँह से मैंने प्रथम अंक में कहलाई है। इस सम्पूर्ण नाटक की रूपरेखा बनाते हुए सच्ची-झूठ न्याय-सभाओं से सम्बन्धित अनेक नाटक, चित्रपट तथा पुस्तकों का लाभ नाटक के तंत्र के बाबत मुझे प्रत्यक्ष-अप्रत्यक्ष रूप से मिला है, जिसमें 'वी आर नो एंजल्स' नाटक एक अंग्रेजी नाटक पर काफी पहले बना हुआ एक चित्रपट, एक जर्मन उपन्यासकार का प्रसिद्ध उपन्यास 'डेंजरस गेम', आचार्य अत्रे के नाटक 'डॉ. लागू' का अन्तिम अंक तथा जे.बी. प्रेस्टली

के ‘टाइम प्लेज’ का उल्लेख कृतज्ञतापूर्वक करता हूँ।

उक्त नाटक की धारा तथा उसमें व्यक्त जीवन सौ फीसदी भारतीय है।

–विजय तेन्दुलकर

निवेदन

'खामोश! अदालत जारी है' (शांतता कोर्ट चालू आहे) ने मराठी के आधुनिक नाटककार श्री विजय तेन्दुलकर को भारतीय नाट्य-जगत के शिखर पर पहुँचाने में सबसे बड़ा 'रोल' अदा किया है। इस नाटक का उनकी ख्याति में योग देने का कारण भी सम्भवतः यही है कि पहली बार उन्होंने इस नाटक के माध्यम से परम्परागत नाटक को प्रयोगधर्मी रंगमंच के साथ जोड़कर दर्शक को सीधे पकड़ लिया। महाराष्ट्र में तो इस नाटक ने सैकड़ों दर्शकों को सीधे पकड़ लिया। महाराष्ट्र में तो इस नाटक के सैकड़ों प्रदर्शन हुए ही हैं, अनेक भारतीय भाषाओं में भी यह नाटक सफलतापूर्वक खेला जा चुका है और पुरस्कृत भी हो चुका है। विदेशी रेडियो संस्थानों में भी यह नाटक लोकप्रिय हुआ है। हिन्दी रंगमंचीय संसार में इस नाटक की ख्याति अभूतपूर्व रही है।

अनुवाद करते समय मैंने पढ़ लिया है कि नाटक के संवाद हिन्दी दर्शक और पाठक को पात्रों की मूल संवेदना से सीधे साक्षात्कार करने में बाधक न बनें। वैसे मराठी पात्रों की संस्कारग्रस्त परम्परा और उसके भीतर से उनके खुलेपन का उभरना अपने आप ही भाषा में एक नया स्वाद पैदा करता है। हिन्दी दर्शक और पाठक इस नए स्वाद से यदि यत्किंचित् भी आनन्द पा सकें तो इस अनुवाद की यह सफलता मानी जानी चाहिए।

—सरोजिनी वर्मा

पात्र परिचय

1. कुमारी बेणारे
2. सुखात्मे
3. काशीकर
4. पोंक्षे
5. सामन्त
6. कर्णिक
7. रोकड़े
8. मिसेज काशीकर

'खामोश! अदालत जारी है' : कुछ दृश्य

(निर्देशक - रामगोपाल बजाज, प्रस्तुति : राष्ट्रीय नाट्य विद्यालय, 2008)

प्रथम-अंक

[पर्दा उठते ही एक सूने और खाली दालान में प्रकाश फैलता है। इस दालान में दो दरवाजे हैं। एक बाहर से आने के लिए और दूसरा भीतर के किसी कमरे में जाने के लिए। दालान का एक हिस्सा बाएँ विंग में आगे तक जाता हुआ दिखाई दे रहा है। पहले से तैयार एक ऊँचा मंच इस दालान के मध्य भाग में स्थित है। दो-एक पुरानी कुर्सियाँ चीड़ का एक बक्स और एक स्टूल भी बेतरतीब ढंग से पड़े हुए हैं। दीवार पर एक घड़ी लगी हुई है जो बन्द है। कुछ नेताओं की पुरानी तस्वीरें तथा लकड़ी के एक फलक पर कुछ दान-दाताओं के नाम भी लगे हुए दिखाई दे रहे हैं दरवाजे के ठीक ऊपर गणेश जी की तस्वीर है।

बाहर की तरफ कुछ आहट होती है और बाहर की कड़ी खुलने की आवाज आती है। दरवाजा खोलकर एक व्यक्ति धीरे से अन्दर आकर कुछ इस अदा से खड़ा होता है मानो इस जगह वह पहली बार आया है। यह सामन्त है। इसके एक हाथ में ताला-कुंजी है और दूसरे हाथ में हरे रंग के कपड़े का बना हुआ एक तोता और एक किताब।]

सामन्त : *(देखता हुआ)* हाँ यही। यही है वह हॉल। लगता है सवेरे ही सफाई वगैरह हो गई है। आज प्रोग्राम है न इसीलिए।

[कुमारी बेणारे सामन्त के पीछे-पीछे आकर दरवाजे पर खड़ी हो जाती है। मुँह में उँगली दूसरे हाथ में सामान की डोलची और पर्स है।]

(उसे देखता हुआ) क्या हुआ? कड़ी खोलने में उँगली दब गई? यह सब बहुत पुराना है न, इसीलिए ऐसा होता है। आसानी से कड़ी खिसकती ही नहीं और जो कहीं कुंडा बाहर रह गया और कड़ी खींच ली तो जानती है क्या होगा? दरवाजा अन्दर से बन्द और बाहर से कड़ी। बस समझिए अन्दर वाले को तो जेलखाना ही हो गया। उँगली जरा चूस लीजिए, अभी ठीक हो जाएगी। एक बार तो मेरे इस दाहिने हाथ की उँगली कुंडे में फँसकर रह गई थी। उँगली और अँगूठे में फर्क ही नहीं पता लगता था। पाँच दिन तक ऐसा सूजा रहा कि बस पूछिए नहीं। चार ही उँगलियों से सब करना पड़ता था।

बेणारे : अरे वाह! *(उससे)* नहीं। कुछ नहीं। ऐसे ही। मुझे आदत है, लेकिन मुझे यहाँ बहुत अच्छा लग रहा है। यहाँ स्टेशन पर सबके साथ उतरी तो एकाएक इतने दिन बाद आज बहुत अच्छा लगने लगा।

सामन्त : क्यों मगर?

बेणारे : क्या पता? और तुम्हारे साथ यहाँ आते समय तो और भी अच्छा लगा। अच्छा हुआ जो वह सब पीछे रह गए। कितनी जल्दी-जल्दी आए न हम लोग?

सामन्त : हाँ, और क्या? यानी कि मुझे भी इतना तेज चलने की आदत नहीं है। सचमुच बहुत ही तेज चलती हैं आप।

बेणारे : हमेशा नहीं। आज ही इतनी तेज चलकर आई। मन किया कि सबको पीछे छोड़ दूँ और तुम्हारे साथ कहीं दूर चलती चली जाऊँ।

सामन्त : *(घबराकर)* मेरे साथ!

बेणारे : यस! तुम बहुत अच्छे लगे मुझे।

सामन्त : *(बहुत लजाकर संकोच से)* क्या बेकार आप भी। हँ-हँ... मुझमें क्या...।

बेणारे : तुम बहुत अच्छे हो। और एक बात बताऊँ, तुम बहुत भोले और निष्पाप हो।

सामन्त : *(अविश्वास से)* मैं!

बेणारे : हाँ। और यह हॉल भी मुझे बहुत अच्छा लग रहा है। *(घूमती है)*

सामन्त : हॉल भी? वैसे तो यह पुराना ही है। कस्बे में कोई प्रोग्राम होना होता है तो यहीं होता है। प्रोग्राम के लिए ही समझ लीजिए बना है यह हॉल। भाषण, मुंडन, छेदन, शादी-ब्याह...जरूरत हुई तो महिला समाज के सालाना जलसे के लिए भजन-वजन की प्रैक्टिस भी यहीं होती है। आज रात में प्रोग्राम हुआ कि फिर दिन में महिलाओं का भजन बन्द। पूछिए क्यों? तो उसकी वजह यह है कि रात के तमाशे के लिए वह सब जल्दी-जल्दी घर का काम निबटाती हैं। नहीं तो आएँगी कैसे?

बेणारे : *(सावधानी और उत्सुकता से)* तुम्हारी पत्नी भी, लगता है, भजन-मंडली में है।

सामन्त : उहुँक! पत्नी नहीं, भाभी। पत्नी है ही नहीं अभी।

बेणारे : *(उसके हाथ में थमे हुए तोते को इंगित कर)* तो फिर यह किसके लिए?

सामन्त : यह न? भतीजे के लिए—बड़ा प्यारा है बच्चा! आपको अच्छा लगा यह खिलौना?

बेणारे : हाँ...।

सामन्त : मेरा मतलब कि शादी हुई ही नहीं अभी मेरी। कारण वैसे कुछ खास नहीं। पेट भरने को नौकरी-औकरी है वैसे, पर हुई ही नहीं। बीच में एक बार यहाँ जादू का खेल हुआ था। दृष्टिभ्रम, मोहिनी विद्या वगैरह...।

बेणारे : तुमने देखा था?

सामन्त : हाँ...हाँ...हर प्रयोग में रहता हूँ मैं!

बेणारे : अच्छा।

सामन्त : हाँ। एक भी प्रोग्राम छूटता नहीं मुझसे। इसके अलावा और यहाँ मनोरंजन भी क्या है?

बेणारे : सचमुच *(उसके करीब जाकर उसकी बातों में विश्वास सी*

करती हुई) जादू करीब से देखा है तुमने?

सामन्त : हाँ! यानी कि बिल्कुल करीब से तो नहीं, मगर वैसे करीब ही था। क्यों?

बेणारे : *(उसके बहुत ही करीब आकर)* तो सुनो, वह जीभ काटकर उसे फिर जोड़ते कैसे हैं?

सामन्त : *(अचकचाकर जरा हटते हुए)* जीभ न? मगर यह बात उस तरह से बताई नहीं जा सकती...।

बेणारे : बताओ न, लेकिन।

सामन्त : आँ लेकिन...

[वह फिर उसके उतने ही करीब खिसक आती है वह सकुचाकर दूर हट जाता है।]

सामन्त : बात यह है कि अच्छा कोशिश करता हूँ...यानी कि समझाना मुश्किल ही है...समझ लीजिए कि यह जीभ है।

[उँगली का सिरा आगे पकड़ता है।]

बेणारे : देखूँ।

[देखने के बहाने वह फिर उसके करीब चली आती है। क्षण भर उसे उस निकटता की अनुभूति, मगर सामन्त को नहीं।]

सामन्त : *(एकाग्र होकर)* यह जीभ है। इसे काट दिया तो क्या होगा? रक्त आएगा। मगर नहीं आता। अब पूछिए कि रक्त क्यों नहीं आता? तो इसका हाल उस मोहिनी विद्या में ही कुछ न कुछ होगा–यानी कि उस तरह की कोई सुविधा होगी तभी रक्त नहीं आता। कुछ भी नहीं होता–बिल्कुल ही कुछ नहीं, दुखता भी नहीं–सचमुच...।

[उसके इस भोलेपन की प्रतिक्रिया में वह उससे दूर हट जाती है।]

बेणारे : अभी तक पहुँचे कैसे नहीं वे लोग? कछुए की चाल चल रहे होंगे धीरे-धीरे। आदमी को कैसा एकदम फुर्तीला

होना चाहिए।

सामन्त : हाँ, तो मैं जो वह जीभ वाली बात बता रहा था न–मोहिनी विद्या...।

बेणारे : स्कूल में पहली बेल होती और मेरे पैर स्कूल के भीतर होते। पिछले आठ बरसों में मेरी इस बात पर किसी को उँगली उठाने का साहस नहीं हुआ। पढ़ाने के मामले में भी। मेरा पोर्शन कभी भी पीछे नहीं रहा। कॉपियाँ ठीक वक्त पर जँचकर तैयार। किसी को नाम रखने की गुंजाइश ही नहीं छोड़ती मैं।

सामन्त : मास्टरनी हैं आप शायद?

बेणारे : नहीं शिक्षिका। क्या मास्टरनी जैसी लगती हूँ मैं?

सामन्त : नहीं-नहीं! इस मतलब से नहीं कहा था मैंने...।

सामन्त : मगर मैंने तो कहा ही नहीं–मास्टरनी से मेरा मतलब यही था कि आप बच्चों को पढ़ाती हैं न, बस वही...उसी अर्थ में कहा था मैंने...हाँ सचमुच...।

बेणारे : अपने को महान लगने वाले लोगों से तो वह भी कहीं अच्छी ही होती हैं। कम से कम अपने बड़प्पन का झूठा घमंड और अपने बारे में कोई गलतफहमी तो नहीं होती उन्हें, पंजे मारकर मांस नोच लेने के बाद कायर की तरह डरकर भागती तो नहीं वह। ओफ! वह खिड़की खोल दो जरा, बड़ी गर्मी लग रही है मुझे। *(सामन्त फुर्ती से जाकर खिड़की खोलता है। बेणारे राहत से गहरी श्वास लेती है)* अब अच्छा लग रहा है।

[फिर पूरे हॉल में मुक्त भाव से घूमने लगती है]

सामन्त : वह अभी जो बता रहा था न। वह जीभ वाली बात। उसे पूरा कर दूँ क्या? मोहिनी विद्या? *(फिर से उँगली का सिरा पकड़कर)* अब देखिए है! यह यही जीभ। इसे ऐसे काट दिया।

बेणारे : ०उँह! उसे छोड़ो अब।

सामन्त : *(आज्ञाकारी की तरह)* अच्छा! *(हाथ नीचे कर लेता है फिर एकाएक आगे बढ़कर एक कुर्सी उठाकर उसके पास*

रखता है) मगर आप घूम क्यों रही हैं। आराम से बैठिए न! आपके पैर दुखने लगेंगे।

बेणारे : खड़े-खड़े पढ़ाने की आदत है मुझे। क्लास में बैठकर कभी नहीं पढ़ाती मैं। सारी क्लास आँखों के सामने रहती है, कोई मिस्चीफ नहीं कर सकता। अपने क्लास पर बड़ा रोब है मेरा और मेरे लिए उनके मन में प्यार भी है। मेरे लिए मेरे बच्चे सब कुछ कर सकते हैं। अपना तन-मन जलाकर उन्हें बनाया है मैंने। इसीलिए तो लोगों को ईर्ष्या होती है मुझसे, खासकर शिक्षिकाओं और संचालकों को। मगर मेरा कर क्या लेंगे वे? क्या करेंगे? आखिर कर ही क्या सकते हैं? हूँ जाँच-पड़ताल कर रहे हैं। अपने काम में खरी हूँ मैं प्राण देकर बच्चों को पढ़ाती हूँ। खून-पसीना एक कर दिया है मैंने इस नौकरी में। एक अकेला आरोप सिद्ध कर ही लेंगे तो क्या बिगाड़ लेंगे मेरा? निकाल देंगे? निकाल दें। किसी और का अहित नहीं किया है मैंने! किया है तो अपना ही। मगर यह भी क्या ऐसा गुनाह है कि मुझे नौकरी से निकाल दिया जाए? अपनी ज़िन्दगी मैं कैसे बिताऊँ इसका फैसला करने वाले वह कौन हैं? मेरी ज़िन्दगी मेरी अपनी है। नौकरी के लिए मैंने नीलाम नहीं कर दिया है खुद को। मेरी इच्छा मेरी है, उसे कोई कुचल नहीं सकता–कोई भी नहीं। मैं अपना या अपनी ज़िन्दगी का जो जी में आएगा करूँगी। अपना भविष्य मैं स्वयं निर्धारित करूँगी।

[अभावित रूप से पेट के निचले हिस्से पर हाथ रखती है और सहसा सचेतन होकर घबरा जाती है। सामन्त की उपस्थिति का उसे एकाएक अहसास होता है। वह आशंकित होकर खामोश हो जाती है। सामन्त असमंजस में।]

सामन्त : मैं देख आऊँ क्या? अभी तक आए क्यों नहीं वे लोग?

बेणारे : *(घबराकर)* नहीं-नहीं *(फिर धीरे-धीरे नॉर्मल होती हुई)* बात यह है कि मुझे अकेले यहाँ डर लगेगा।

सामन्त : अच्छा तो नहीं जाऊँगा। आपकी तबीयत ठीक नहीं है क्या?

बेणारे : *(एकदम से निर्भय होकर लापरवाही से)* हम्बग! तबीयत को मेरी क्या हुआ है? आई ऐम फाइन...परफेक्टली फाइन!

[अपने में तन्मय-सी हल्के हाथ ताली बजाती हुई धीरे-धीरे एक अंग्रेजी गीत गुनगुनाने लगती है।]

: ओ आई हैव अ स्वीट हार्ट
हू कैरीज ऑल माई बुक्स
ही प्लेज इन माई डॉल्स हाउस
ही सेज, ही लाइक्स माई लुक्स
आई विल टेल यू ए सीक्रेट
ही वांट टू मेरी मी
बट ममी सेज आई ऐम टू लिटल
टू हैव सच दैट्स इन मी...

: *(गीत एकाएक रोककर)* हम आज क्या करने जा रहे हैं। जानते हो तुम...तुम...क्या नाम है तुम्हारा?

सामन्त : सामन्त।

बेणारे : हाँ, वही।

सामन्त : हाँ, मन्दिर पर तख्ती लगी है। सोनार मोती चाल, बम्बई की जागृति सभा द्वारा अभिरूप न्याय....न्याय...क्या...हाँ न्यायालय। रात के ठीक आठ बजे।

बेणारे : यानी क्या? कुछ मतलब समझे इसका?

सामन्त : मतलब तो नहीं समझा बाबा। यही कोर्ट-ओर्ट का कुछ गोलमाल।

बेणारे : एकदम ठीक। यानी कि असली कोर्ट नहीं। नकली झूठ-मूठ का।

सामन्त : अच्छा यानी कोर्ट का एक तमाशा!

बेणारे : हाँ! मगर सामन्त! लोगों का उद्‌बोधन भी हमारे इस कार्यक्रम का एक प्रधान उद्‌देश्य है—यह बात हमारे

अध्यक्ष मिस्टर काशीकर नाटक के बीच-बीच में तुम्हें बताएँगे ही। बगैर किसी प्रधान उद्देश्य के हमारे काशीकर साहब का एक कदम भी आगे नहीं पड़ता। दूसरी है मिसेज 'पालने की डोर' यानी कि मिसेज काशीकर। आदर्श गृहिणी हैं बेचारी। मगर क्या फायदा? समाज-सेवा में संसार का उद्धार करते-करते बेचारे प्रधान उद्देश्य उसी में फँसकर रह गए और बेचारी उनकी यह 'पालने की डोर' पालना देखने को ही तरस गई।

सामन्त : यानी क्या *(दोनों हाथों से नन्हे बच्चे का आकार दिखाकर)* यह नहीं हैं उनके?

बेणारे : राइट! तुम तो खासे बुद्धिमान मालूम पड़ते हो। तो वह मिस्टर काशीकर और वह 'पालने की डोर' ने इस डर से कि कहीं खाली घर की मनहूसियत में उन्हें कुछ हो-हवा न जाए, ऊबकर कहीं कोई उनमें से फाँसी-वाँसी न लगा ले, एक लड़का पाला है, पढ़ाया-लिखाया है और काम में जोत-जोतकर उसे भीगी बिल्ली बना दिया है। उसका नाम है बालू—बालू रोकड़े। वैसे जरूरत पड़ी तो एक कानूनाचार्य जी भी हैं अपनी मंडली में। कानून में उनकी पहुँच इतनी जबर्दस्त है कि कोर्ट का मारा हुआ कोई मूर्ख मुवक्किल भी उनके पास नहीं फटकता। बेचारे कोर्ट में अकेले ही बैठे-बैठे अपने कानूनी ज्ञान से बाररूम की मक्खियाँ मारा करते हैं और जब चल के अपने कमरे में पहुँचते हैं तो कमरे की मक्खियाँ मारा करते हैं। आज के अभिरूप वाले मुकदमे में बहुत बड़े वकील हैं वे...हूँ...उनका पराक्रम तो देखोगे ही तुम। एक हूँ हैं *(होंठों में पाइप दबाने का आविर्भाव)* मिस्टर हूँ। साइंटिस्ट। इंटर फेल।

सामन्त : मज़ा आएगा तब तो!

बेणारे : और एक इंटेलेक्चुअल भी है अपनी पार्टी में...इंटेलेक्चुअल यानी अपनी किताबी बुद्धि पर इतराने वाले और मौका आने पर दुम दबाकर रफूचक्कर हो जाने वाले। आज आए नहीं हैं। आएँगे भी नहीं। साहस ही नहीं है उनमें।

सामन्त : मगर मुकदमा किस बात का होगा आज?

बेणारे : अणु अस्त्र बनाने के लिए प्रेसिडेंट जॉनसन पर मुकदमा है। आज।

सामन्त : बाप रे!

बेणारे : श्श...। आ गए लगता है सब लोग। *(कुछ योजना बनाती है।)* तुम जरा ऐसे इस तरफ आ जाओ। आओ! छिप जाओ। ऐसे छुपो जल्दी। मैं यहाँ ऐसे खड़ी रहती हूँ। छुप जाओ। ठीक से। हाँ, आने दो अब।

[सामन्त और बेणारे बाहर से अन्दर आने वाले दरवाजे की आड़ में छुप जाते हैं। एक-दूसरे से सटे हुए हैं। हियर इट इज! मिल ही गया आखिर? कहते हुए वकील सुखात्मे शास्त्र के पारंगत, पीछे दो-तीन बक्से, दो झोले तथा माइक्रोफोन का बैटरीवाला एक सेट लादे हुए, अभिरूप न्यायालय में पट्टे वाले चोबदार की भूमिका करने वाले रोकड़े दरवाजे से प्रवेश करते हैं। सुखात्मे के मुँह में सुलगी हुई बीड़ी है और पोंक्षे के होंठों में दबा हुआ पाइप है। इनके पीछे-पीछे कोर्ट में काम आने वाले लकड़ी के दो कठघरे लिये हुए मजदूर आता है। इन लोगों के भीतर घुसते ही बेणारे सामन्त के साथ दरवाजे की आड़ से निकलकर जोर से खो...खो कर डराती है। एक क्षण के लिए सब सहम जाते हैं। फिर धीरे-धीरे एक-एक आदमी सँभलने लगता है। बेणारे खिलखिलाकर बेतहाशा हँसती रहती है। सामन्त यह सब कुतूहल और नएपन के अचरज के साथ देखता है।]

रोकड़े : *(सामान एक तरफ ले जाकर रखता हुआ)* कितनी जोर से बेणारे बाई। अभी यह सब सामान गिर जाता कि नहीं। बेकार फिर काशीकर बाई मुझे दस बात सुना देती। चाहे कोई कुछ करे, बात मुझे ही सुननी पड़ती है। उनके सहारे पढ़ा जो हूँ, अब उसका ब्याज तो भरना ही होगा। अपनी-अपनी तकदीर है।

[हुश्श करता है। मजदूर बाईं विंग में कठघरे रखकर वापस आता है। पोंक्षे उसकी मजदूरी अदा करते हैं।

मजदूर बाहर चला जाता है।]

पोंक्षे : *(आँखों पर से मोटे फ्रेम का चश्मा उतारकर रखते हुए, गम्भीर आवाज में)* ओह गॉश! देखूँ कहाँ हैं...।

[बुदबुदाता हुआ अन्दर के कमरे में चला जाता है]

सुखात्मे : *(बीड़ी का लम्बा कश लेकर धुआँ छोड़ते हुए)* एक छोटी-सी लड़की है मन में बसी हुई। बेणारे बाई, दुनिया बदल गई मगर आप किसी भी शर्त पर प्रौढ़ होने को राजी नहीं हैं। है न?

बेणारे : क्यों? अपनी क्लास में गम्भीर ही तो रहती हूँ मैं। मगर मैं कहती हूँ कि आखिर इन्सान हर वक्त लम्बा, तिकोना, चौकोना मुँह बनाकर क्यों रहे पोंक्षे की तरह। अरे! दुनिया में रहना है तो खूब हँसो, गाओ, खेलो, कूदो और नाचने को मिल जाए तो नाचो भी। कोई संकोच, कोई शर्म, कोई लिहाज न करो। सच कहती हूँ। अच्छा आप ही कहिए अपनी जिन्दगी तबाह हो गई तो क्या कोई और अपनी देगा? क्यों जी सामन्त बोलो, दे सकता है कोई?

सामन्त : बात तो आप ठीक कहती हैं। तुकाराम महाराज ने भी तो कहा है...यानी कि इसी तरह का कुछ कहा है शायद...।

बेणारे : उहूँ! तुकाराम महाराज की छोड़ो। मेरी सुनो। मैं कहती हूँ मैं लीला बेणारे। एक जीती-जागती हुई स्त्री अपने अनुभव से कहती है कि जिन्दगी किसी के लिए नहीं होती, वह सिर्फ अपने लिए होती है, होनी भी चाहिए। वह बड़े महत्व की है। उसका हर कण, हर पल, अनमोल है...।

सुखात्मे : *(ताली बजाकर)* हियर-हियर!

[पोंक्षे भीतर से आता हुआ दिखाई देता है।]

बेणारे : हियर नहीं। *(पोंक्षे की तरफ इशारा करके)* देयर।

[खिलखिलाकर हँसती है, हँसती रहती है]

पोंक्षे : *(कुछ समझ पाने में असमर्थ रहकर)* क्या हुआ?

बेणारे : पोंक्षे! कसम खाकर सच-सच कहना कि कार्यक्रम के पहले की नर्वसनेस में जिस बात की तुम्हें जरूरत पड़ती है उसी सुविधा की तलाश में तुम गए थे न भीतर, करैक्ट?

सुखात्मे : कुछ भी कहए, बेणारे बाई! अपनी न्याय-सभा में पोंक्षे जब गवाह के कठघरे में एक साइंटिस्ट की हैसियत से आकर खड़े होते हैं तो लगते इम्प्रेसिव हैं। मुँह में पाइप-वाइप दबाए हुए। भला उन्हें देखकर कोई माई का लाल भाँप सकता है कि हमारे यह साइंटिस्ट महाशय इंटर साइंस में वन्समोर लेकर फिलहाल सी.टी.ओ. की क्लर्की कर रहे हैं।

[रोकड़े यहाँ अपने को रोक नहीं पाता, फिस्स से हँस देता है।]

पोंक्षे : *(नर्वस होकर)* हँसो मत, रोकड़े! तुम्हारी तरह काशीकर बाई के टुकड़े पर पलकर नहीं पढ़ा हूँ। इंटर फेल हूँ तो भी अपने बाप के पैसे पर! नॉनसेंस!

बेणारे : नॉनसेन्स। *(उसकी जैसी आवाज और शैली में कहती है और हँसती रहती है)* ओहो, सुनो! मैं तुम लोगों को एक अजीब बात बताऊँ। जब मैं छोटी थी न, तो बहुत ज्यादा चुप रहती थी। बस गुपचुप मन में लड्डू पकाया करती थी–कुछ भी किसी से नहीं कहती थी और जरा सा मन के खिलाफ कुछ हुआ कि चीख-चीखकर आसमान सर पर उठा लेती थी।

पोंक्षे : तभी तो अब एकदम उसके उलटी हो गई है।

बेणारे : हाँ, और क्या? तुमने तो देखा ही है, सामन्त।

सामन्त : *(अचकचाकर)* हाँ...यानी कि नहीं भी हो सकता है...मुझे वहीं ही मालूम होगा...

बेणारे : अपनी कॉपियों पर बड़े खूबसूरत कवर वगैरह चढ़ाकर स्कूल में पहले दिन पहले पेज पर मोती जैसे अक्षर बनाकर फूल-पत्तियों से सजाकर मैंने यह बातें लिखी थीं–द ग्रास

इज ग्रीन, द रोज इज रेड, दिस बुक इज माइन...टिल आई एम डेड। टिल आई एम डेड...और फिर क्या हुआ, जानते हो?

सामन्त : क्या हुआ?

बेणारे : कॉपियाँ फट-फटाकर न जाने कहाँ चली गईं और मैं अभी भी जीवित हूँ। आई एम नॉट डेड। नॉट डेड। द ग्रास इज स्टिल ग्रीन, द रोज इस स्टिल रेड। बट आई एम नॉट डेड।

[हँसती रहती है।]

रोकड़े : *(तुरन्त झोले में से कॉपी निकालकर स्मरण करके लिखते हुए)* वाह, बहुत बढ़िया है–द ग्रास इज ग्रीन–द रोज इज रेड और फिर वह बीच वाला क्या है, बेणारे बाई?

बेणारे : *(खीझ भरे चेहरे से)* रोकड़े! यह आदत बुरी है। मैं क्लास की लड़कियों से भी हमेशा कहती हूँ कि अधूरी बात सुनकर फौरन लिखने की जल्दी मत मचाया करो। पहले सुनो ध्यान से, एकाग्र मन से सुनो। सुनकर उसे आत्मसात् करो। वह तुम्हारे भीतर स्वयं ही टिका रहेगा। रक्त में घुल-मिल जाएगा। और रक्त में जो घुल-मिल जाए, उसे जीवन भर कोई निकाल नहीं सकता। कोई भी नहीं भुला सकता उसे...।

सामन्त : हमारे गुरु जी भी यही कहा करते थे। मनु के श्लोक ऐसे ही रटाए थे उन्होंने। यानी कि यह रक्त वाली बात नहीं बताई थी, बस।

सुखात्मे : हाँ, बेणारे बाई, आगे कहिए आप!

बेणारे : *(बहुत उत्साहित होकर)* मैं कहानी सुनाऊँ? बच्चो, बैठ जाओ। एक था भेड़िया...

रोकड़े : *(पालथी मारकर बैठता हुआ)* वाह! हो जाए बाई। बैठिए सुखात्मे साहब। पोंक्षे, तुम भी बैठो।

[पोंक्षे नाक-भौं चढ़ाकर नापसन्दगी जाहिर करता हुआ बाहर चला जाता है।]

बेणारे : नहीं, मैं एक कविता सुनाती हूँ–

यह मेरे पाँव
किसी खतरनाक राह पर
चलते जाते हैं।
एक के बाद एक
आती हैं उफनाती लहरें
आँधी सी टकराती हैं आपस में
बिखर जाती है
हर बार रोशनी
अँधेरे को नकारकर
चमकती है
मगर फिर घुल जाती है
उसी अँधेरे में।
मिट्टी के यह मेरे हाथ
बार-बार जलते हैं, बुझते हैं।
फिर-फिर जल उठते हैं
स्पष्ट हैं ये बातें सारी
स्पष्ट हैं सब कुछ
जख्म बहते ही हैं
बहना उनकी आदत है
युद्ध होते ही हैं कुछ ऐसे
जिनकी परिणति सिर्फ पराजय
व्यर्थ जाने देने को ही
लेने होते हैं।
कुछ अनुभव।

(बीच में ही उस कविता को छोड़कर) नहीं, मैं एक गाना ही सुनाती हूँ।

मलाड का बुड्ढा शेकोटी में आया
मलाड का बुड्ढा शेकोटी में आया
मलाड का बुड्ढा बुड्ढे की बीवी
बीवी का लड़का,
लड़के की दाई,

दाई का दामाद...।

[सुखात्मे कुर्सी में बैठे हुए हैं। सामन्त के चेहरे पर उत्सुकता। बेणारे गा रही है और सब उसके साथ-साथ ताल देने लगते हैं। सुखात्मे आरती की लय में ताल देते हैं। प्रयोगशील नाटक वाले कर्णिक आते हैं, मुँह में पान।]

कर्णिक : ठीक तो आ गया। मैंने तो सोचा था कि भटक ही जाऊँगा।
(बैठे हुए लोगों की तरफ देखकर) क्या हुआ?

रोकड़े : ॡउँह! सब गड़बड़ हो गया।

सुखात्मे : बेणारे बाई गा रही थी। *(खोखली आवाज में)* बहुत सुन्दर, बहुत मधुर, बेणारे बाई।

[बेणारे 'सब समझती हूँ' के अर्थ में जीभ निकालकर दिखाती है फिर हँसती रहती है। कर्णिक हॉल का निरीक्षण कर रहे हैं। रोकड़े उठकर खड़ा हो गया है।]

सुखात्मे : *(वकीलाना शैली में)* मिस्टर कार्णिक! वन मिनट! आपके मन में इस वक्त क्या है खोलकर कहूँ? आप सोच रहे हैं कि इंटीमेट थिएटर अर्थात् अल्प दर्शकों के बीच दिखाए जाने वाले नाटकों के लिए यह हॉल आइडियल है। क्यों, ठीक कह रहा हूँ न, बोलिए?

कर्णिक : *(शान्तिपूर्वक पान चबाते हुए। जान-बूझकर)* नहीं, मैं तो यह सोच रहा था कि यह हॉल ऐसा है कि किसी सचमुच के कोर्ट को भी मात करे।

बेणारे : अरे वाह! तब तो बड़ा मजा है। आज अपना अभिरूप कोर्ट खूब रंग लाएगा, बिल्कुल असली जैसा।

रोकड़े : *(कुछ चिन्तित होकर)* लेकिन अभी तक काशीकर बाई क्यों नहीं आई?

कर्णिक : *(पान चुगलाते हुए)* आ रही है। रास्ते में मिस्टर काशीकर गजरा खरीदकर देने लगे थे, इसलिए रुक गए थे। मैं पान

लेकर आगे चला आया। ए रोकड़े! माइक की बैटरी तो ठीक है न? न हो तो देख-दाख लो। ऐसा न हो कि रात ऐन मौके पर तमाशा मचे। वैसे भी कुछ-न-कुछ गड़बड़ तो हो ही जाती है। पिछले महीने हमारे शो में फ्यूज उड़ गया था। मैं ही था स्टेज पर। रोल छोटा था तो क्या? बड़ी मुसीबत से निभाया मैंने किसी तरह।

रोकड़े : उँह! गणपति उत्सव का ही नाटक तो था।

कर्णिक : हाँ, मगर मूड ऑफ हो गया था।

बेणारे : *(बीच ही में एक बड़ी सी जँभाई लेकर दिखावटी भोलेपन के साथ)* तुम्हारी बात पर यह नहीं अँ, कर्णिक! बात यह है कि सुबह बहुत जल्दी उठना पड़ता है न रोज! उसके अलावा मॉर्निंग शिफ्ट, आफ्टरनून शिफ्ट और ऊपर से रात का ट्यूशन भी। सुनिए! आप लोगों ने मिस्टर और मिसेज काशीकर की एक बात पर कभी गौर किया है?

रोकड़े : *(बहुत उत्साहित होते हुए मगर उत्साह को दबाकर)* क्या?

पोंक्षे : *(बाहर से अन्दर आते हुए)* यस व्हाट?

सुखात्मे : मैं बताता हूँ। लेकिन नहीं, पहले आप ही बताइए। बेणारे बाई आँ? लेट मी सी...कमान आउट विद इट...।

बेणारे : देखिए सुखात्मे! अब इस समय अपना वकीली हथकंडा तो चलाइए नहीं कि जानते-बूझते कुछ नहीं और जाहिर ऐसा करते हैं कि सब जानते हो। आप कुछ नहीं समझे। सुनिए, हमारे काशीकर साहब तो हैं सोशल वर्कर और मिसेज काशीकर हैं बिल्कुल ही 'ये' यानी कि कम पढ़ी-लिखी वगैरह। वैसे मेरा मतलब यह नहीं कि उनकी समझदारी और शराफत में कोई कमी है, मगर मिसेज काशीकर के कम पढ़ी-लिखी होने के बावजूद दोनों शौकीन तबीयत खूब हैं। यानी कि जैसे मिस्टर काशीकर मिसेज काशीकर को गजरा वगैरह खरीदकर देंगे, मिसेज काशीकर मिस्टर काशीकर के लिए रेडीमेड बुशर्ट वगैरह खरीदेंगी—मेरा मतलब कि यह देखकर कैसा अजीब लगता है न!

[कर्णिक पिछवाड़े की एक खिड़की खोलकर अपने मुँह का पान थूककर आते हैं]

कर्णिक : मैं तो किसी पति-पत्नी के बीच इस तरह की फॉरमेलिटी देखता हूँ तो सन्देह होता है कि कुछ उनके बीच में गड़बड़ होगा।

रोकड़े : *(जरा नाराज होकर)* यह सब तुम्हारे प्रयोगशील नाटक में होता होगा।

कर्णिक : जो बात तुम्हारी समझ में नहीं आती उसमें टाँग मत अड़ाओ रोकड़े! अपनी किताब घोंटो बैठकर। मैं अपनी पत्नी के लिए कभी भी गजरा-वजरा नहीं ले जाता। यानी कि जी चाहता है तो भी टाल देता हूँ। *(बेणारे च्च-च्च करती है।)* क्यों क्या हुआ?

बेणारे : मैं तो आपकी जगह होती तो अपनी बीवी के लिए रोज गजरा ले जाती।

सुखात्मे : तो फिर एक बार कम से कम बुशर्ट तो ले ही दीजिए मिस बेणारे। आई वंडर! कैसा होगा यह भाग्यवान? आपकी तरह भोला हुआ तब तो कोई बात नहीं...।

बेणारे : छोड़िए इस बात को! *(सामन्त को तलाश कर)* क्या है तुम्हारा नाम? सुनो, यहाँ कुर्सियाँ नहीं मिल सकेंगी? क्यों जी?

सामन्त : कुर्सियाँ? मेरा नाम न। सामन्त। *(अपनी जगह से उठकर इधर-उधर देखता हुआ)* देखता हूँ। मुझे भी क्या पता...!

[खोजते हुए भीतर चला जाता है।]

पोंक्षे : अन्दर रखी हैं, फोल्डिंग कुर्सियाँ। चाय की बड़ी जरूरत है।

सुखात्मे : जब हम लोगों ने स्टेशन पर पिया तब तो तुमने चट इन्कार कर दिया।

[अब टॉपी जैसा भाव चेहरे पर]

पोंक्षे : गॉश! मगर मुझे उस समय जरूरत नहीं थी तो कैसे ले लेता? मुझे पहले से ही सब ले-देकर बैठना पसन्द ही

नहीं। यह भी कोई लाइफ है? इस साइंस एज में ऐन वक्त पर ही सब कुछ पा जाने में आनन्द है–*(चुटकी बजाकर)* लाइक दिस!

[सामन्त दोनों हाथ में जितना समा सकीं, फोल्डिंग कुर्सियाँ लेकर आता है।]

सामन्त : *(कुर्सियाँ रखकर)* लीजिए और जरूरत हो तो हैं भीतर।

[सब जल्दी-जल्दी कुर्सियाँ खोलकर मनमाने ढंग से बैठ जाते हैं। एक-दूसरे से वार्तालाप करने लगते हैं। पोंक्षे अभी भी अपनी पाइप के रोब में खड़ा हुआ है।]

सामन्त : *(पोंक्षे से, उसके साहबी ठाठ से प्रभावित होकर)* बैठिए न, सर!

पोंक्षे : आँ *('सर' सम्बोध से सुखी होकर)* थैंक्यू! ट्रेन में बैठा ही तो था अभी तक। क्या नाम है आपका?

सामन्त : सामन्त! यहीं का रहने वाला हूँ मैं सर!

पोंक्षे : गुड, मिस्टर सामन्त! यहाँ चाय मिल सकेगी क्या?

सामन्त : चाय न! क्यों नहीं मिलेगी सर! मगर शक्कर की समस्या आएगी। आजकल मिलती नहीं न इसलिए। अगर गुड़ की चल सके तो...।

पोंक्षे : नो! चाय में गुड़ प्वाइजन होता है, मिस्टर सामन्त! आपको शायद पता नहीं।

सामन्त : पता हो तो भी क्या फायदा, सर! राशन की शक्कर तो भाई के बच्चे ही दूध-चाय में पी जाते हैं। अपने नसीब में तो गुड की ही चाय है और चारा भी क्या है!

पोंक्षे : *(साइंटिस्ट की अदा में मुँह में पाइप दबाकर)* हूँ।

बेणारे : *(अपनी जगह बैठी हुई उसे मुक्त भाव से चिढ़ाती हुई उसी की आवाज और शैली में)* हूँ! एक थे 'हूँ' और एक थीं 'उहूँ'।

पोंक्षे : बहुत हो चुका, बेणारे बाई! कब तक चलेगा यह बचपना आपका?

[सामन्त खड़ा ही है। मिस्टर और मिसेज काशीकर आते हैं।]

मि. काशीकर : *(जूड़े में लगे हुए गजरे को अनजाने ही टटोलती हुई)* देखो, हैं तो सब लोग यहीं पर।

सुखात्मे : आइए, काशीकर जी! कैसा रहा गजरा प्रोग्राम!

[बेणारे सामन्त को दिखाकर उन दोनों की तरफ इशारा करती है।]

रोकड़े : *(आगे बढ़कर)* हाँ, और क्या?

काशीकर : सब सामान ठीक से आया न बालू?

रोकड़े : हाँ, सब ठीक से आ गया।

काशीकर : कहते तो हो सब आ गया; मगर हर बार कुछ न कुछ तुम भूल जरूर जाते हो। रोकड़े! चोबदार का बल्लम आया है? सिर्फ सिर मत हिलाओ। लाए हो तो दिखाओ, निकाल लाओ।

रोकड़े : *(निकालकर दिखाता है)* यह देखिए। *(दयनीय मुद्रा)* ड्रेस भी है। कभी-कभी भूल जाता हूँ, हमेशा थोड़े ही...।

काशीकर : हमेशा भूल हो तब कोई बात नहीं। आज है कि नहीं सब सामान? नहीं तो सब गड़बड़ करोगे। मेरा विग–जज का? लाए हो?

रोकड़े : हाँ, वह तो सबसे पहले रखा था।

[रोकड़े की दयनीय मुद्रा पर अब खीज उभरती है।]

काशीकर : आप सुखात्मे! वकील का गाउन लाए हैं।

सुखात्मे : *(झुककर कोर्ट की अदा से)* यस योर ऑनर। उसे मैं स्वप्न में भी भूलता नहीं। आपका क्या था, पोंक्षे?

पोंक्षे : वेल! मैं हमेशा पूरी तरह से तैयार ही होकर आता हूँ। कुछ छूटने-ऊटने का सवाल ही नहीं। फिर मेरा नर्वस टेम्परामेंट है। पाइप नहीं रहता तो विटनेस बॉक्स में मुझे कुछ याद ही नहीं आता।

काशीकर : आज पहले से तुम्हारी लाइन सब बता दूँगा।

पोंक्षे : नहीं, उसकी जरूरत नहीं।

मि. काशीकर : क्यों री बेणारे! *(जूड़े में लगे गजरे को टटोलकर)* तेरे लिए भी मैं गजरा लेने वाली थी देखा...।

बेणारे : *(पोंक्षे की शैली में)* हूँ।

[पोंक्षे अब क्रोध से होंठ चबाने लगता है।]

मि. काशीकर : है कि नहीं जी? *(यह वाक्य मिस्टर काशीकर से)* मगर हुआ क्या कि...।

बेणारे : *(मुक्त भाव से खिलखिलाती हुई)* हुआ क्या कि गजरा उड़ गया—फुर्र! या कौवा ले गया? मुझे सचमुच नहीं चाहिए था। नहीं तो क्या खरीदने की औकात नहीं है मेरी? खुद ही तो कमाती हूँ। तभी तो गजरा-वजरा लेने की कभी मेरी इच्छा ही नहीं होती।

[बेणारे मिसेज काशीकर का लाया हुआ नमकीन बड़ा सबको बाँटती है।]

मि. काशीकर : अच्छा-अच्छा। स्कूल कैसा चल रहा है तेरा?

बेणारे : *(चौंककर)* चल कहाँ रहा है, वहीं का वहीं है।

काशीकर : मैं सोचता हूँ जज की कुर्सी हम लोग इस तरफ लगाएँ, या कि उस तरफ?

कर्णिक : इसी तरफ। एंट्रेंस उधर है। वह कमरा जज के कमरे के रूप में इस्तेमाल हो सकता है। यू कैन एंटर फ्रॉम देयर। प्रेसिडेंट जॉनसन यहाँ इस तरफ खड़े रहेंगे।

सामन्त : *(अचानक जैसे कोई बात सुनी हो)* प्रेसिडेंट जॉनसन?

काशीकर : नहीं-नहीं। जॉनसन का कठघरे उधर उस तरह रखना चाहिए ताकि जज की हैसियत से उनसे जिरह करने में मुझे...।

कर्णिक : मुझे तो यह ठीक नहीं लगता। प्रेक्षक की नजर से देखा जाए तो यह यहीं रहनी चाहिए।

सुखात्मे : मिस्टर कर्णिक! प्रेक्षक की नजर से देखेंगे तो प्रॉसिक्यूट कर दूँगा मैं आपको। आप प्रयोगशील नए नाटक वाले हैं।

[वकीलाना हँसी]

कर्णिक : फिर वही! यह नया नाटक आखिर है क्या बला, कोई बताएगा भी? बगैर जाने-सुने बस आप लोग शब्दों का इस्तेमाल किए जाते हैं। मेरे तो जो उचित समझ में आएगा वही कहूँगा। वह नया हो या पुराना वाला!

[सब एक-दूसरे से वार्तालाप में तल्लीन हो जाते हैं।]

सामन्त : *(रोकड़े के पास जाकर)* सुनिए, यह प्रेसिडेंट जॉनसन का क्या तमाशा है?

रोकड़े : *(अपने ही में खोया-सा चौंककर)* किसका?

सामन्त : नहीं! यह लोग प्रेसिडेंट जॉनसन के बारे में क्या बात कर रहे थे?

रोकड़े : अच्छा, वह?

सामन्त : यानी क्या सचमुच ही वह–असम्भव तो है ही मगर फिर भी–असली बात क्या है?

रोकड़े : सचमुच कहाँ, यह कर्णिक ही तो बनेगा।

[कुछ देर पहले अपने इकहरे सम्बोधन के बदले में]

सामन्त : प्रेसिडेंट जॉनसन!

रोकड़े : *(कुछ याद करके मिसेज काशीकर के करीब जाकर)* बाई! प्रोफेसर दामले तो अभी तक आए नहीं।

[मिसेज काशीकर से बातें करती हुई बेणारे एकाएक चुप हो जाती है और अभावित सी पोंक्षे के सामने जा खड़ी होती है। पोंक्षे से जल्दी-जल्दी बातें करने लगती है झूठ-मूठ। पोंक्षे का कोई उत्तर नहीं।]

मि. काशीकर : अरे, हमेशा की तरह वह अबकी भी देर से ही आएँगे, हमारी गाड़ी उनके मान की थी ही नहीं। यह तो उन्होंने पहले भी फोन पर बता दिया था। उनका कुछ था भी तो सिम्पोजियम-उम्पोजियम। दो दफे तो सहेजकर कह दिया

था। बेणारे! तुझसे मुलाकात हुई थी क्या रे?

बेणारे : *(पोंक्षे से फिर बात करने की तन्मयता में ही)* कौन?

मि. काशीकर : प्रोफेसर दामले।

बेणारे : न बाबा।

[पोंक्षे से फिर बातों में लग जाती है। मगर पोंक्षे एकदम चुप। कोई रिसपॉन्स नहीं।]

रोकड़े : *(सामन्त से कुछ पूछने के बाद मिसेज काशीकर से)* लेकिन बाई! अब जो गाड़ी आने को बची है वह तो बिल्कुल रात में पहुँचेगी, यह सामन्त बता रहे हैं। उससे कैसे आएँगे? लेट हो जाएँगे कि नहीं?

पोंक्षे : *(बीच में ही एकाएक)* काशीकर बाई! आपकी वह सहेली आजकल कहाँ है? वही, जिनसे आप मेरी शादी करा रही थीं? कुछ गोलमाल था न उनका? कहाँ हैं आजकल...?

[बेणारे बहुत घबराकर पोंक्षे के पास से हटकर उसी घबराहट में सामन्त के सामने जा खड़ी होती है।]

मि. काशीकर : बीच में भी तो कोई गाड़ी थी न? *(काशीकर से)* सुनो जी, यह बालू कह रहा है कि बीच में कोई गाड़ी ही नहीं है।

काशीकर : *(कर्णिक चल रहे संवाद को रोककर)* किसके बीच में?

रोकड़े : *(काशीकर से)* मेरा मतलब कि अब कार्यक्रम से पहले कोई गाड़ी नहीं है। यह बता रहे हैं सामन्त।

सुखात्मे : कार्यक्रम खत्म होने के बाद तो है न! बस फिर क्या?

काशीकर : अरे मगर सुखात्मे! प्रोफेसर दामले समय पर पहुँचेंगे कैसे? अगर आए भी तो लेट आएँगे। बीच में कोई गाड़ी जो नहीं है।

कर्णिक : तो फिर वह आएँगे ही क्यों? मैं तो कहता हूँ कि प्रोफेसर दामले बड़े हिसाबी-किताबी आदमी हैं। लेट होने का अन्देशा होगा तो आना ही काट देंगे और मजे से घर पर सोएँगे।

रोकड़े : *(बहुत टेंशन में)* लेकिन बाई, मैंने उनके पास कार्ड ठीक से भेज दिया था। मतलब कि मेरा कोई कसूर नहीं है।

पता भी बिल्कुल ठीक लिखा था...।

काशीकर : तो यह भी एक उलझन खड़ी ही हो गई।

सुखात्मे : कोई उलझन की बात नहीं, आप बेफिकर रहें।

काशीकर : बेफिकर कैसे रहूँ? वी आं समथिंग टु द पीपुल सुखात्मे! कार्यक्रम है, कोई हँसी-ठट्ठा नहीं।

पोंक्षे : *(उनके करीब जाते हुए)* क्या हुआ?

मि. काशीकर : *(सुखात्मे से)* सुनो भैया! मुलजिम का वकील किसको बनाओगे?

सुखात्मे : डोंट वरी! आज भर के लिए मैं सरकारी वकील के साथ-साथ वह भूमिका भी कर दूँगा। उसमें रखा ही क्या है! वकालत तो मेरी नस-नस में बसी हुई है। किसी तरह की कमी महसूस भी नहीं होने दूँगा। फिक्र न कीजिए—मैं कहता हूँ आपसे काशीकर साहब—मेरे ऊपर डालकर देखिए।

कर्णिक : मगर मेरे ख्याल से वह कुछ ज्यादा ही ड्रामेटिक हो जाएगा।

पोंक्षे : बिल्कुल। *(पाइप का लम्बा कश लेता है।)*

बेणारे : बिल्कुल। *(पोंक्षे क्रोध से देखने लगता है।)*

रोकड़े : *(एक कागज सामने बिछाकर उसमें देखता हुआ)* और चौथा गवाह? सुखात्मे साहब! वह भी कम है। रावते फ्लू से बीमार पड़ा है। यहीं से किसी के ले लेने की बात तय हुई थी हमारे बीच—*(मिसेज काशीकर को देखकर सुधार करता हुआ)* यानी आप लोगों के बीच।

सुखात्मे : ट्र! यहाँ का यानी?

रोकड़े : *(साहस बटोरकर)* आज मैं करूँ क्या वह काम? थोड़ा-सा ही है—मेरा कोई भी कर देगा—मुझे लाइनें याद हैं। चौथे गवाह की...।

कर्णिक : आई अपोज! चोबदार हो तो क्या, वह काम भी आसान नहीं। संवाद होने न होने से क्या फर्क पड़ता है। ऐन मौके पर किसी दूसरे आदमी को लाकर खड़ा कर देना ठीक नहीं। रोकड़े तुम्हीं करोगे वह काम।

रोकड़े : मगर एक दिन मैं जरा दूसरा काम कर लूँगा तो...।

काशीकर : नहीं।

मि. काशीकर : बालू माने नहीं।

(रोकड़े पीछे हट जाता है।) मगर फिर चौथा गवाह बनेगा कौन?

सुखात्मे : *(सामन्त को देखते हुए)* आई नो। *(एकाएक)* यह देखिए गवाह। *(आदेशपूर्ण स्वर में)* सामन्त!

सामन्त : *(घबराकर)* क्या हुआ?

पोंक्षे : *(पाइप फूँकते हुए)* नॉट बैड।

काशीकर : *(सामन्त से)* क्यों भाई! तुमने कभी नाटक-वाटक में काम किया है?

सामन्त : कहाँ? बिल्कुल नहीं, क्यों? हुआ क्या मगर?

मि. काशीकर : एक बात बताओ, भैया! तुम हमारे नाटक में चौथे गवाह बनोगे? ए बेणारे! *(बेणारे आती है)* यह चौथा गवाह कैसा लग रहा है तुझे? क्यों?

बेणारे : यह न। नॉट बैड—यानी कि बहुत खूबसूरत लग रहे हैं। *(सामन्त झेंपता है। बेणारे हँसती रहती है।)* गवाह की ही बात कर रही थी मैं...चौथे गवाह की।

सुखात्मे : मिसेज काशीकर! कर्णिक, पोंक्षे डोंट वरी, मैंने जिम्मेदारी ले ली है। अरे, इसमें क्या धरा है! मैं सिखा-पढ़ा दूँगा। मिस्टर कौन हैं आप?

सामन्त : रघू सामन्त।

सुखात्मे : मिस्टर सामन्त! हमने आपको अपने अभिरूप न्यायालय में आज चौथा गवाह बनाया है।

सामन्त : *(एकदम नर्वस होकर)* मैं...मगर मुझे...सचमुच मुझे कुछ नहीं पता।

काशीकर : कोर्ट तो देखा है न तुमने?

सामन्त : अभी तक तो नहीं देखा।

कर्णिक : कोर्ट का नाटक तो कम से कम...?

सामन्त : नहीं, वह सब नाटक यहाँ होता ही नहीं।

सुखात्मे : चलिए, नाटक का कोर्ट इन्होंने नहीं देखा, यह अच्छा रहा। कम से कम कोर्ट के बारे में गलत-गलत जानकारी तो नहीं होगी।

कर्णिक : सारे नाटकों के बारे में आप यह बात नहीं कह सकते।

सुखात्मे : मिस्टर सामन्त! प्रोग्राम से पहले मैं आपको सिखा-पढ़ा कर एकदम तैयार कर लूँगा। गवाह को तैयार कर लेना तो मेरे लिए चुटकियों का खेल है।

[हँ-हँ करके वकीलाना शैली में हँसता है।]

सामन्त : मगर मुझे तो कोई भी जानकारी नहीं है। मुझे तो कोर्ट के नाम से ही डर लगता है। जो आता होगा वह भी भूल जाऊँगा वहाँ पर।

मि. काशीकर : ऐसा क्यों न करें कि रिहर्सल करके इसे ठीक से एक बार सिखा ही दें हम लोग। *(काशीकर से)* क्यों जी? *(काशीकर को अनसुना करते देखकर बेणारे से)* क्यों री बेणारे?

बेणारे : हाँ, मुझे कोई इन्कार नहीं, बल्कि अच्छा ही रहेगा। प्रोग्राम तो रात में होगा। जब तक के लिए कोई मन बहलाव भी तो नहीं है। आज आते समय कोई किताब भी लाना मैं भूल गई।

सामन्त : किताब है मेरे पास अगर जरूरत हो तो। सूर्यकान्त फातर फेकर का नया उपन्यास है 'एक सौ पाँचवाँ।' *(निकालकर देता हुआ)* बहुत मजेदार होते हैं। उनके उपन्यास, लीजिए।

बेणारे : नहीं।

सुखात्मे : शपथ लेने के लिए भगवद्गीता और बाइबिल तो आई ही होगी साथ–मेरा मतलब कि आप पढ़ने की बात जो कर रही हैं उसमें काम आ सकती है, क्यों जी रोकड़े? गीता और बाइबिल लाए हो न कि रह गई?

रोकड़े : *(सन्तुलित स्वर)* नहीं! है। जी चाहे तो देख लीजिए।

[थैले के नजदीक जाता है, मगर निकालता नहीं।]

बेणारे : गीता-वीता पढ़ने की अभी मेरी उम्र नहीं है। वकील साहब!

काशीकर : तो फिर क्या आप रंगीली कहानियाँ जैसी पत्रिकाएँ पढ़ती

हैं...? ये पढ़ती हैं इसलिए पूछा...होती वैसे मजेदार हैं... मगर हमारे सोशल वर्क के साथ तस्वीर देखने के अलावा और कुछ जमता ही नहीं।

मि. काशीकर : छिः! तुम भी।

काशीकर : *(नाराज होकर)* क्यों गलत कह रहा हूँ मैं?

[मिसेज काशीकर का चेहरा उतर जाता है।]

कर्णिक : रिहर्सल का सुझाव मुझे एकदम मंजूर है, मगर शुरू करने में पहले कोई चार-पाँच पैकेट सिगरेट ले आता तो अच्छा होता। फिर बीच में किसी को बाहर जाने की तलब न होती।

पोंक्षे : *(पाइप का कश लेते हुए)* आई डोंट माइंड।

सामन्त : हाँ, यह तो अच्छा रहेगा। पहले से ही सब मैं देख लूँगा तब कोई दिक्कत होगी ही नहीं।

बेणारे : मेरा तो विचार है कि अणु अस्त्र वाला यह नाटक जो हम रात में करने जा रहे हैं, पिछले तीन महीनों में सात बार तो कर ही चुके हैं। आज रात आठवीं बार खेला जाएगा। फिर बीच में भी वही रिहर्सल में करेंगे तो वैसे तो कोई फर्क न पड़ता, मगर मुख्य प्रोग्राम पर उसका बुरा असर हो सकता है।

सुखात्मे : आई एग्री विद मिस बेणारे। एक मेरा भी सुझाव है। आपको पसन्द आएगा या नहीं, कह नहीं सकता। हम लोग जब बार रूम में कभी खाली होते हैं तो आपस में कुछ खेलते हैं रमी या पेशेन्स या एक और खेल, नकली मुकदमे का। जस्ट टाइम पास्ट दैट्स ऑल। एक अलग ही तरह का काल्पनिक मुकदमा हम किसी पर चलाते हैं। बड़ा मजेदार होता है। आज भी क्यों न हम यहाँ वही खेल खेलें। इस बहाने सामन्त को कोर्ट की कार्रवाई भी आसानी से समझ में आ जाएगी और हम लोगों का मनोरंजन भी हो जाएगा। क्यों, मिस्टर काशीकर? आपका सैंक्शन है?

काशीकर : क्यों नहीं। अच्छा है आपका सुझाव। वैसे भी सार्वजनिक

क्षेत्र में काम करने वाले के लिए यह उचित नहीं कि वह किसी बात पर मनमाना निर्णय लेता फिरे। हवा का रुख देखकर ही कदम उठाना चाहिए।

कर्णिक : *(गद्गद होकर)* थ्री चियर्स फॉर दिस न्यू आइडिया। हमारे ड्रामा टेक्नीक में इसे विजुअल एनेक्टमेंट कहा जाता है। पिछले साल जब सरकारी नाट्य शिविर में जाकर बैठा करता था तब सुना था यह नाम।

सुखात्मे : मामूली सी बात का इतना लम्बा-चौड़ा नामकरण क्यों, कर्णिक? यह तो सिर्फ एक खेल ही होगा। क्यों मिस बेणारे?

बेणारे : हाँ, मैं तो लँगड़ी खेलने को भी तैयार हूँ। खेल की बात उठी इसलिए कह रही हूँ। खेल तो बस बहुत ही मजेदार होते हैं। मैं तो अपने स्कूल की लड़कियों के साथ खूब खेलती हूँ। बड़ा आनन्द आता है।

पोंक्षे : ऑल राइट बी प्ले। मिस्टर सामन्त! अड्डे पर से प्लीज जरा सिगरेट के पैकेट ला देंगे क्या? मेरे लिए कैप्सटन। यह लीजिए पैसे। *(पैसे देता है)*

मि. काशीकर : तुम क्यों पैसे देते हो, पोंक्षे? सामन्त, पैसे वापस कर दो इनके। मैं कहती हूँ, इसे भी नाटक के खर्च में ही दिखा दें, बस छुट्टी। वैसे भी यह कोई झूठ बात तो है नहीं। सामन्त को आखिर कोर्ट की जानकारी तो देनी ही है, फिर क्या। सामन्त, *(पर्स खोलकर नोट निकालते हुए)* यह लो। सबसे पूछकर जो-जो चाहिए सिगरेट के आधे दर्जन पैकेट ले आओ। और पान भी ले आना तीन-चार बीड़े। मसाला-पान समझे।

[सब उसे ऑर्डर देते हैं। सुखात्मे अपने लिए छाताछाप बीड़ी का ऑर्डर देते हैं।]

सामन्त : अच्छा-अच्छा।

[पैसा लेकर चला जाता है, फिर लौटता है, अभी शुरू न कीजिएगा आप लोग। मैं बस अभी आता हूँ।]

[जाता है]

बेणारे : बेचारा! मैं भी अभी आती हूँ।

[डोलची में से नैपकिन और साबुनदानी निकालकर उठती है और गुनगुनाती हुई अन्दर चली जाती है।]

मि. काशीकर : बालू! तब तक तू जरा कोर्ट ठीक से लगा दे। उठ।

[वह काम में लग जाता है।]

कर्णिक : ए पोंक्षे, जरा इधर आना। *(सुखात्मे तथा अन्य लोगों से)* कास्ट रात वाली ही रहेगी न? मेरा मतलब जज और वकील वगैरह...।

सुखात्मे : ओ यस! बाई ऑल मीन्स। उसमें बदलाव क्यों किया जाए। वकील इस वक्त भी मैं ही हो जाऊँगा।

मि. काशीकर : मगर हमारी एक मानो तो मुलजिम दूसरा आदमी कोई बनाओ इस समय। है, न कर्णिक?

कर्णिक : नहीं, उसकी जरूरत नहीं है। *(बगल में आए हुए हैं पोंक्षे से)* यू नो वन थिंग, पोंक्षे?

पोंक्षे : *(भीतर के कमरे की ओर इशारा)* उसके बारे में? मिस बेणारे के बारे में? रोकड़े टोल्ड मी।

कर्णिक : अभी नहीं, रात के प्रोग्राम के बाद याद दिलाना मुझे।

पोंक्षे : व्हाट?

कर्णिक : अभी नहीं, रात के प्रोग्राम के बाद याद दिलाना मुझे।

पोंक्षे : मैं भी बताने वाला हूँ—मिस बेणारे के ही बारे में। *(अन्य लोगों से)* मेरी राय मानिए तो अभियुक्त इस समय किसी दूसरे ही आदमी को बनाइए।

काशीकर : हाँ। और मेरा ख्याल है कि मुकदमे में नई जान उसी से आएगी।

मि. काशीकर : वही तो।

काशीकर : वही तो क्या? जरा अपनी जबान पर लगाम रखो। मेरा तो मुँह खोलना मुश्किल है।

[मिसेज काशीकर चुप रहती है।]

सुखात्मे : आई डोंट माइंड। अभियुक्त—मैं सोचता हूँ—व्हाई नॉट रोकड़े?

[रोकड़े इस सुझाव से प्रसन्न होता है।]

रोकड़े : *(अपनी जगह से ही)* हाँ-हाँ, मैं तैयार हूँ।

पोंक्षे : हुश्श! *(कर्णिक से)* मैं भी बताऊँगा उसके बारे में।

कर्णिक : अभियुक्त मैं बना जाता हूँ।

काशीकर : मैं कहता हूँ, अगर सचमुच कुछ करना है तो अब यह मजाक बन्द करो। अभियुक्त मैं बन जाता हूँ।

कर्णिक : वाह! तो फिर मुकदमे में रह ही क्या जाएगा? अभियुक्त भी यही और जज भी यही।

पोंक्षे : *(पाइप का कश लेकर)* कन्सीडर मी देन। वैसे अपनी कोई जिद नहीं, मगर जरूरत हो तो आई ऐम गेम।

रोकड़े : *(मिसेज काशीकर से)* मगर हमारे में क्या कमी है बाई...।

मि. काशीकर : सुनो, मैं बन जाऊँ क्या? बन जाती हूँ अगर जरूरत हो।

काशीकर : नहीं। *(मिसेज काशीकर चुप।)* जरा चार आदमियों के बीच आने को मिल भर आए कि फिर हर बात में आगे-आगे नाचना। आगे-आगे कूदना।

मि. काशीकर : *(संकोच और शर्म से)* अच्छा हो गया—नहीं बनती मैं अब खुश।

सुखात्मे : आप लोगों में से कोई भी अभियुक्त नहीं बनेगा। अभियुक्त कोई दूसरा ही आदमी बनाया जाएगा। वही ठीक होगा। क्यों? अपनी मिस बेणारे रहेगी अभियुक्त। क्यों पोंक्षे, कैसी रही च्वाइस?

पोंक्षे : ठीक है।

सुखात्मे : अब बिना मतलब समय क्यों बरबाद किया जाए? क्यों काशीकर बाई?

मि. काशीकर : हाँ, अब यह तय कर दो। कम से कम देखने को मिलेगा कि औरतों पर मुकदमा कैसे चलाया जाता है। *(आदतन काशीकर से)* है कि नहीं जी? देख लेना चाहिए न?

काशीकर : *(व्यंग्य करते हुए)* हाँ क्यों नहीं। कल को हाईकोर्ट तुम्हें कहीं जज की कुर्सी पर बिठा दे तो सीख तो लेना ही चाहिए।

मि. काशीकर : इसके लिए मैं थोड़े ही कर रही थी...।

सुखात्मे : मुकदमे में ऐसा कोई खास फर्क नहीं होता। सिर्फ यह है कि अभियुक्त के कठघरे में जब कोई स्त्री आकर खड़ी होती है तो मुकदमे में अनूठा ही रंग आ जाता है। यह मेरा अपना अनुभव है। क्यों मिस्टर कर्णिक?

कर्णिक : हाँ! मैं कोई टीम के बाहर थोड़े ही हूँ। टीम स्पिरिट को मैं बहुत मानता हूँ।

मि. काशीकर : चलो भैया, तब तो बस तै ही समझो। बस इस समय की मुलजिम यही अपनी बेणारे, मगर कसूर कौन सा?

काशीकर : कोई न कोई सामाजिक महत्व का अभियोग होना चाहिए।

पोंक्षे : ठीक है। *(उठकर)* श श...श...चलो, हम लोग एक काम करें। सब लोग जरा इधर आइए। प्लीज कमॉन। आइए।

[सबको एकत्र करके कोई प्लान बताता है इशारे से। बीच में इस दरवाजे की तरफ इशारा जिसमें बेणारे गई है।]

काशीकर : रोकड़े! अभी तक तुमसे कोर्ट अरेंज नहीं हो पाया है न?

रोकड़े : बस हो ही गया है।

[फुर्ती से काम पर जुट जाता है।]

कर्णिक : जब कि मैंने तुम्हें ग्राउंड प्लान भी निकालकर दे दिया था रोकड़े! कि बाद में यह न पूछते फिरो कि कौन सी प्रॉपर्टी कहाँ रखी जाएगी!

रोकड़े : *(अप्रसन्न होकर)* मुझे आप लोगों का यह नाटक-वाटक का कुछ गोरखधन्धा समझ नहीं आता। मुझे आदत नहीं है।

[सब जुटकर फर्नीचर को कोर्ट की तरह लगा देते हैं। पोंक्षे आगे-आगे हैं, काशीकर निरीक्षण में। पोंक्षे की सलाह से रोकड़े बेणारे का पर्स मंच पर रखे

सामान में से निकालकर बाईं विंग की तरफ रखे हुए एक स्टूल पर रख देता है। इसके साथ ही प्रबन्ध पूरा हो जाता है। पोंक्षे तथा काशीकर भीतर के कमरे के दरवाजे पर जाकर खड़े हो जाते हैं। शेष सारे लोग बाएँ विंग में।]

काशीकर : *(विंग में जा रहे लोगों से)* इशारा करूँगा मैं।

[इसी समय नेपकिन से मुँह पोंछती हुई कुछ गुनगुनाती हुई बेणारे आती है। एकदम फ्रेश है। बेणारे दाहिनी तरफ मंच पर रखी अपनी डोलची में साबुन, नेपकिन आदि रखती है। और गुनगुनाती है।]

बेणारे : बुलबुल से सुमना कहे
क्यों गीले तेरे नैन
कहाँ रहूँ ओ सुगना दादा
कहाँ बिताऊँ रैन
कहाँ गया मेरा रैन बसेरा
चिव चिव चिव
चिव चिव चिव रे
चिव चिव चिव।

[पोंक्षे अन्दर के दरवाजे के पास से आकर बेणारे के सामने खड़ा हो जाता है।]

पोंक्षे : मिस लीला बेणारे! एक भयानक अभियोग के आधार पर आपको कैद किया जाता है। और अभियुक्त के रूप में आपको कोर्ट में हाजिर किया जाता है।

[बेणारे खड़ी-खड़ी पत्थर के बुत-सी सुन्न और निश्चल हो जाती है, उसे हतप्रभ होकर देखती है। वह भी उसे देखता रहता है। कंघी रखने के लिए पर्स ढूँढ़ती हुई वह बाएँ विंग के पास आती है। स्टूल पर से अपना पर्स उठाती है। काशीकर ठीक

मौके पर आकर मंच पर रखी हुई न्यायाधीश की कुर्सी पर बैठ जाते हैं और बाईं विंग में इशारा करते हैं। कर्णिक तथा रोकड़े तुरन्त ही अभियुक्त की लकड़ी का कठघरे लिये हुए आते हैं और बेणारे के गिर्द उसे रख देते हैं।

वकील मिस्टर सुखात्मे काला कोट पहनते हुए बाईं विंग से आते हैं और मेज के साथ लगी हुई वकील की कुर्सी पर बैठ जाते हैं। बाकी लोग यथास्थान। बाहर के दरवाजे पर खड़ा हुआ सामन्त]

काशीकर : **(खँखारकर)** अभियुक्त मिस बेणारे! इंडियन पेनलकोड 302 कॉलम के अनुसार आपके ऊपर भ्रूण-हत्या का अभियोग लगाया गया है। उक्त अभियोग आपको मान्य है या अमान्य?

[बेणारे सुन्न और निश्चल। सब क्षण भर के लिए स्तब्ध। वातावरण में भयानक गम्भीरता और तनाव।]

द्वितीय-अंक

[वही दालान। जिस परिस्थिति में प्रथम अंक खत्म होता है वही परिस्थिति इस अंक के आरम्भ में]

काशीकर : *(मंच पर मेज के पास रखी हुई कुर्सी पर न्यायाधीश की गम्भीरता और रोब से बैठे हुए)* अभियुक्त मिस बेणारे! इंडियन पेनल कोड 302 कॉलम के अनुसार आपके ऊपर भ्रूण-हत्या का अभियोग लगाया गया है। उक्त अभियोग आपको मान्य है या अमान्य?

[वातावरण विलक्षण गम्भीर। मिस बेणारे कुर्सी का सहारा लेकर सुन्न खड़ी है।]

सामन्त : *(दरवाजे से जरा सा बढ़कर)* यह लीजिए मसाला पान और सिगरेट।

[वातावरण की गम्भीरता में अब एकाएक हल्कापन आ जाता है।]

काशीकर : मुझे मसाला पान।

कर्णिक : मुझे विल्स सिगरेट।

पोंक्षे : सामन्त! स्पेशल पान इधर।

सुखात्मे : मुझे एक सादा पान और छाता छाप बीड़ी काशीकर, आपको?

काशीकर : मसाला पान।

[रोकड़े सामन्त से पान का बीड़ा लेकर काशीकर को देता है।]

रोकड़े : *(काशीकर से अदब से)* फालतू चूना निकाल दिया है।

सुखात्मे : *(बेणारे की तरफ एक बीड़ा बढ़ाते हुए)* हैव इट बाई!

बेणारे : *(कुर्सी में बैठी हुई)* आँ? हाँ–मगर नहीं! थैंक्यू!

सुखात्मे : बेणारे बाई, आप इस तरह एकाएक गम्भीर क्यों हो गईं? आफ्टर ऑल दिस इस जस्ट अ गेम। एक खेल ही तो है यह? बस उसमें इतना सीरियस होने की क्या जरूरत है।

बेणारे : *(हँसने का प्रयास करती हुई)* कौन है सीरियस? मैं तो बिल्कुल ही लाइट हूँ। कोर्ट का एटमॉसफियर बनाने के लिए जरा सीरियस हो गई थी बस। इस मुकदमे में मुझे क्या डर हो सकता है?

सामन्त : *(कर्णिक से एक सिगरेट लेकर उसे सुलगाता हुआ कर्णिक से ही)* अभी का यह तमाशा असल में था क्या?

सामन्त : नहीं। वह कुछ कह रहे थे न? वह काशीकर साहब। कुछ अभियोग वगैरह कुछ ठीक से समझ में नहीं आया।

कर्णिक : अभियोग न! भ्रूण-हत्या का!

सामन्त : वह तो सुना, मगर उसके माने क्या? मुझे तो कुछ भी नहीं मालूम। इसीलिए पूछा...मैंने कभी देखा ही नहीं न यह सब इसीलिए...।

सुखात्मे : तुरन्त जन्मे हुए बच्चे की हत्या का अभियोग।

सामन्त : बाप रे! बहुत ही भयंकर है। हमारे कस्बे में भी बिल्कुल ऐसे ही हुआ था...हो गए होंगे डेढ़ बरस...विधवा थी बेचारी!

सुखात्मे : अच्छा! तो वकील किसको किया था? काशीकर साहब, वाह! क्या बात है! ऐसा चुनकर आपने यह अभियोग लगाया है कि बस! ए वन अभियोग! जब तक इस तरह का कोई भयंकर अभियोग न हो, मुकदमे में रंग नहीं आता।

काशीकर : हाँ, और फिर इस अभियोग का सामाजिक दृष्टि से भी कितना महत्व है सुखात्मे! भ्रूण-हत्या का प्रश्न अपने आपमें एक जबर्दस्त सामाजिक समस्या है। तभी तो मैंने खासतौर से यही अभियोग चुना है। वैसे भी मेरे हाथों

आप ऐसा कोई भी काम होता हुआ नहीं पाएँगे जिसमें कोई न कोई सामाजिक हित की बात न आई हो, खैर, बेणारे बाई! नाऊ कम ऑन। रोकड़े! मेरा हथौड़ा? *(रोकड़े फुर्ती से हथौड़ा ले आता है और काशीकर को देता है।)* वैसे इस समय न भी मिलता तो काम चल जाता। मगर मैं जानना चाहता था कि तुम लाए हो या नहीं। *(हथौड़ा पटककर)* नाऊ टू बिजनेस। चलिए सुखात्मे! स्टार्ट कीजिए। अधिकस्य अधिक फलम्। रुकिए जरा, पहले अपनी कनखोदनी तो...।

[जेब में से कनखोदनी ढूँढ़कर निकालते हैं और सामने मेज पर रख देते हैं।]

सुखात्मे : *(रोब से काले कोट को एक झटका देकर पान चबाते हुए)* मी लॉर्ड! कोर्ट की आगामी कार्रवाई बिना किसी रुकावट के चलाई जा सके, इसके लिए सम्बन्धित लोगों को पान थूकने के लिए आरम्भ गें ही चौथाई मिनट का समय दिया जाए, इसकी नम्रतापूर्वक विनती मैं न्यायासन से करता हूँ।

काशीकर : *(जीभ पर चिपके हुए सुपारी के कणों को उड़ाकर न्यायमूर्ति जैसी गम्भीरता से)* इस विषय में अभियुक्त के वकील को कोर्ट के सामने उपस्थित किया जाए।

सुखात्मे : *(तुरन्त उठकर अभियुक्त का वकील होता है)* मी लॉर्ड! सरकारी वकील के सुझाव का मैं पूरी तरह से विरोध करता हूँ। पान थूकने के लिए ज्यादा से ज्यादा दस सेकंड का समय काफी होने के बावजूद सरकारी वकील चौथाई मिनट का कीमती वक्त माँग रहे हैं। यह बात मेरे पक्ष के लिए घातक और विद्रोहपूर्ण है। इससे जान-बूझकर समय बरबाद करने का उनका स्पष्ट मन्तव्य जाहिर होता है, इसीलिए मेरे पक्ष का कहना है कि कोर्ट इस कार्य के लिए सिर्फ दस सेकंड का ही समय दे।

बेणारे : *(बगैर बोले रहा नहीं जाता)* हाँ, और क्या? नहीं तो उतना ही क्यों...साढ़े नौ ही सेकंड...।

काशीकर : बेणारे बाई! कोर्ट में अभियुक्त बार-बार बोल नहीं सकता। सामन्त की बात और है। मगर कोर्ट के एटीकेट क्या आपको भी नए सिरे से सिखाने होंगे? *(कर्णिक को बुलाकर)* क्लर्क ऑफ द कोर्ट! उपस्थित समस्या के बारे में कोर्ट की पूर्व परम्परा क्या रही है, क्या आप इसे स्पष्ट करेंगे।

कर्णिक : *(सिगरेट का कश लेकर धुआँ उड़ाता हुआ)* पान खाकर कोर्ट की कार्रवाई चलाने की आम पद्धति न होने की वजह से मेरा ऐसा ख्याल है मी लॉर्ड! कि इसकी कोई पूर्व परम्परा निर्मित ही नहीं हो सकी है। बल्कि मैं तो यह भी कहूँगा कि पान खाकर कोर्ट में न्यायमूर्ति के बैठने का यह प्रसंग भी इस परम्परा में पहला, अनोखा और एक तरह से अभूतपूर्व है मी लॉर्ड!

काशीकर : अभियुक्त के वकील! क्या आप इस बात को कोर्ट के सामने सिद्ध कर सकेंगे कि पान थूकने के लिए दस सेकंड काफी हैं?

सुखात्मे : बाई ऑल मीन्स! *(बाहर जाकर थूककर लौटते हैं और दरवाजा बन्द करते हैं।)* एक्जैक्टली टेन सेकंड्स मी लॉर्ड!

काशीकर : वी मस्ट सी फॉर ऑवर सेल्व्ज!

[वही काम करने के लिए भीतर जाते हैं]

बेणारे : *(गहरी साँस लेकर)* यह न्यायालय है कि पान थूकने का कम्पटीशन, क्यों जी कर्णिक?

[कर्णिक अनसुनी करता है।]

सामन्त : *(बीच ही में कर्णिक से)* साहब! असली कोर्ट में भी ऐसा ही होता है मगर है बड़ा मजेदार यह।

कर्णिक : *(सिगरेट का धुआँ उड़ाकर नकली गम्भीरता से)* श्श...कोर्ट की बेअदबी होगी। बोलो नहीं! बस देखते रहो चुपचाप! *(पोंक्षे की तरफ आँख मारता है।)*

काशीकर : *(वापस आकर बैठते हुए)* क्लर्क ऑफ दी कोर्ट? वक्त क्या हुआ?

कर्णिक : *(घड़ी देखकर)* पता नहीं।

मि. काशीकर : मैं बताती हूँ जी! पन्द्रह सेकंड हुआ है।

सुखात्मे : *(सरकारी वकील की जगह आकर विजयी हास्य करते हुए)* देयर! नॉट टेन, बट फुल फिफ्टीन सेकंड्स–दैट इज वन फोर्थ मिनट! मैंने जितना कहा उतना ही वक्त मी लॉर्ड!

काशीकर : *(गम्भीरता बनाए रखकर)* यस! मगर पान थूकने के विषय को लेकर कोर्ट का आधे से अधिक मिनट बरबाद हो चुका है, इसलिए अब इस चर्चा पर और समय न देकर कोर्ट की कार्रवाई तुरन्त आरम्भ की जाए। कोर्ट यह निर्णय लेता है कि इस तरह के व्यक्तिगत काम जिसमें पान थूकना वगैरह शामिल है, हर व्यक्ति कोर्ट की कार्रवाई में बगैर बाधा पहुँचाए हुए चुपचाप करके आ सकता है।

पोंक्षे : *(उठकर खड़े होकर)* हियर! हियर!

काशीकर : *(हथौड़ा पटककर)* साइलेन्स! मस्ट बी ऑब्जर्व्ड!

मि. काशीकर : *(सामन्त से)* सामन्त, यह पान-वान वाली बात को तुम सही न समझना। यह तो ऐसे ही मजाक में था। तुम बस कोर्ट की कार्रवाई पर ध्यान देना। परमीशन तो सभी बात में लेनी पड़ती है। याद रखना, नहीं तो रात में सब घोटाला कर बैठो।

सामन्त : *(उत्साह से)* नहीं, ठीक से तो देख ही रहा हूँ। मगर...।

काशीकर : *(जोर से हथौड़ा पटककर)* साइलेन्स। मस्ट वी ऑब्जर्व्ड व्हेन कोर्ट इज इन सेशन। घर में भी वही, यहाँ भी वही।

मि. काशीकर : मगर मैं तो सिर्फ इस सामन्त को...।

सुखात्मे : छोड़िए बाई! मजाक में कह रहे हैं काशीकर साहब!

मि. काशीकर : तो भी क्या? उठते-बैठते बस बात सुनाना।

[उदास हो जाती है।]

बेणारे : *(चेहरे पर ऊब और थकान। चोबदार के वेश में खड़े हुए रोकड़े से धीमे स्वर में)* ए बालू...।

रोकड़े : *(नाराज होता हुआ)* नाउ बैक टु भ्रूण-हत्या। अभियुक्त मिस लीला बेणारे। आपके ऊपर जो अभियोग लगाया गया है आपको मान्य है या अमान्य?

बेणारे : आपके ऊपर लगाया जाए तो आपको होगा मान्य?

काशीकर : *(हथौड़ा पटककर)* ऑर्डर! ऑर्डर! कोर्ट की प्रतिष्ठा किसी भी परिस्थिति में कायम रहनी ही चाहिए। नहीं तो सामन्त को कोर्ट की करेक्ट कार्रवाई की जानकारी नहीं हो सकेगी।

बेणारे : या कि भ्रूण-हत्या की कार्रवाई की? छिः...छिः...मुझे तो यह शब्द ही घिनौना लगता है भ्रूण-हत्या! भ्रूण-हत्या! इससे तो कहीं अच्छा होता कि आप मेरे ऊपर सार्वजनिक सम्पत्ति के अपहार वगैरह का अभियोग लगाते। अपहार शब्द कैसा मधुर है। बिल्कुल उपहार या अल्पाहार जैसा।

मि. काशीकर : न कहीं बुरा है। अच्छा-भला तो है, मुझे तो है। मुझे तो बहुत पसन्द आया बाबा यह अभियोग।

बेणारे : *(कुर्सी पर हाथ पटककर)* ऑर्डर! ऑर्डर कोर्ट की प्रतिष्ठा कायम रहनी ही चाहिए। यहाँ भी वही, घर में भी वही। *(वकील की अदा से)* मी लॉर्ड! कोर्ट के कुटुम्ब को उचित चेतावनी दुबारा दी जाए। उन्होंने क्या कभी भ्रूण-हत्या की है? उन्होंने तो खुद मी लॉर्ड को छोड़कर किसी सार्वजनिक सम्पत्ति का अपहार भी नहीं किया है।

मि. काशीकर : अच्छा, बस चुप कर, बेणारे! बहुत हो चुका।

बेणारे : *(चोबदार रोकड़े को सम्बोधित करके धीरे से)* ए बा...लू।

[वह क्रोध से होंठ चबाता है।]

सामन्त : *(मिसेज काशीकर से बहुत मुदित होकर)* हँ! कमाल करती है यह बेणारे बाई भी।

पोंक्षे : *(गम्भीरता से)* तमाम बातों में।

काशीकर : अभियुक्त मिस बेणारे! वकील का अधिकार अपने हाथ में लेकर आपने कोर्ट की मर्यादा का उल्लंघन किया है। इसके लिए आपको चेतावनी दी जा रही है।

[बेणारे उठकर सीधे उनके सामने जाकर खड़ी हो जाती है और पान का एक बीड़ा उनकी तरफ बढ़ाती है।]

बेणारे : थैंक्स! और इस नेक कार्य के लिए आपको मसाला पान की भेंट दी जा रही है।

कर्णिक : बस यही, यही तो सब मुसीबत की जड़ है। जब सीरियसली कुछ लेना ही नहीं तो जाने दीजिए। जरा इसी सामन्त को समझाना था। कम से कम यह सोचकर तो कोर्ट के नियम पालिए। प्लीज बी सीरियस!

सुखात्मे : आखिर यह खेल भी बच्चों का खेल ही होकर रह गया। सीरियसनेस तो सबसे पहले जरूरी है।

बेणारे : *(कठघरे में वापस लौटती हुई)* नाउ बैक टु भ्रूण-हत्या। मी लॉर्ड खता हुई। अभियुक्त को न्यायमूर्ति का इतना सम्मान नहीं करना चाहिए था। जहाँ तक अभियोग का प्रश्न है मुझे वह अमान्य है। मैं जो एक पिद्दी से झींगुर की हत्या नहीं कर सकती, इतने बड़े भ्रूण की हत्या कैसे करूँगी? अब आप कहिएगा कि क्लास में लड़कियों को मैंने मारा है तो उन्हें तो मारूँगी ही, जो शरारत करेगा वह पिटेगा भी।

काशीकर : रोकड़े! शपथ लेने के लिए गीता...। *(रोकड़े फुर्ती से एक मोटा ग्रन्थ निकालकर स्टूल पर रख देता है।)*

काशीकर : *(सामन्त से)* अब इसके बाद सरकारी भाषण, यानी कि सरकारी वकील का भाषण समझें।

[सुखात्मे दो कुर्सियाँ मिलाकर पैर फैलाए हुए बैठे हैं। दोनों हाथ गर्दन के पीछे हैं। सुस्ती से उठकर यंत्रवत् बोलने लगते हैं।]

सुखात्मे : मी लॉर्ड! अभियुक्त पर लगाए गए अभियोग का स्वरूप *(कर्णिक की सिगरेट से अपनी बीड़ी सुलगाकर धुआँ छोड़ते हुए)* महाभयंकर है। मी लॉर्ड! मातृत्व एक मंगलमय...।

बेणारे : आपको क्या पता? *(सबके चेहरे की तरफ बारी-बारी से देखकर)* ऑर्डर! ऑर्डर!

[पोंक्षे खीजकर भीतर के कमरे में चल देता है।]

काशीकर : अभियुक्त मिस बेणारे! कोर्ट की कार्रवाई में बाधा डालने की वजह से आपको कोर्ट एक बार फिर चेतावनी देता है। अटर्नी फॉर द स्टेट। कन्टिन्यू कीजिए।

सुखात्मे : मातृत्व पवित्र है। हमने स्त्री को जगत-जननी माना है। हमारी संस्कृति में उसकी सदा पूजा होती आई है। 'मातृदेवो भव' यह शिक्षा हम अपने बच्चों को पालने से ही देते आए हैं। माता पर बच्चे का बहुत बड़ा दायित्व होता है। वह समय पड़ने पर अपनी जान की परवाह न करके अपने बच्चे का पालन-पोषण और संरक्षण करती है।

काशीकर : एक भूल गए सुखात्मे! जननी जन्मभूमिश्च स्वर्गादपि गरीयसी। इस तरह का संस्कृत में एक श्लोक भी तो है।

मि. काशीकर : *(उत्साहित होकर)* हाँ और, 'ए माँ! तेरी सूरत से अलग भगवान की सूरत क्या होगी', यह गाना तो बहुत ही ज्यादा प्रसिद्ध है। है न?

काशीकर : ऑर्डर! ऑर्डर! यह सारी बातें स्कूल की निबन्ध कॉपी से चुराई गई हैं। *(जीभ काटकर शरारत से)* अभियुक्त मिस बेणारे! कोर्ट के अधिकार अपने हाथ में लेकर कोर्ट की कार्रवाई में बाधा डालने के कारण आपको एक बार फिर चेतावनी दी जाती है।

[हथौड़ा पटकने का आविर्भाव]

सुखात्मे : आई ऐम डीपली ग्रेटफुल मी लॉर्ड! फॉर योर एडीशन। सारांश यह है कि स्त्री क्षण-काल की पत्नी और अनन्त-काल की माता है।

[सामन्त ताली बजाता है।]

काशीकर : चलो इस समय तो कोई बात नहीं, चल गया। मगर रात में यह सब मत करना।

सामन्त : हाँ-हाँ जानता हूँ। इस समय तो बिना बजाए रहा नहीं गया। मगर कितना सुन्दर वाक्य था न?

सुखात्मे : सत्य है। ऐसी स्थिति में यदि कोई स्त्री अपने जिगर के

टुकड़े की कोमल गर्दन में अपने राक्षसी पंजे धँसाकर उसकी हत्या कर दे तो एक प्रतिष्ठित नागरिक होने के नाते हमारा क्या कर्तव्य है? इस बात को आप भी मानते होंगे कि ऐसी पत्थर दिल और क्रूर स्त्री इस संसार में दूसरी नहीं हो सकती। अभियुक्त ने एक अत्यन्त अधम और नीच किस्म का अपराध किया है। उसके इस अपराध को हम अब कुछ गवाहियों के आधार पर सिद्ध करेंगे।

[रोकड़े कठघरा ले आता है।]

बेणारे : *(धीमे और छेड़खानी के स्वर में)* ए बालू...।

[वह झुँझलाता है। अन्दर के कमरे से निकलकर पोंक्षे आते हैं।]

सुखात्मे : हमारे पहले गवाह हैं विश्वविख्यात साइंटिस्ट मिस्टर गोपाल पोंक्षे। कहिए पोंक्षे! प्रसन्न हुए कि नहीं? एकाएक आपको मैंने विश्वविख्यात बना दिया।

काशीकर : गवाह को कठघरे में बुलाया जाए।

[कान खोदते रहते हैं। पोंक्षे गवाह के कठघरे में आकर खड़ा है। रोकड़े उनके सामने ग्रन्थ ले आता है। पोंक्षे ग्रन्थ का पहला पेज खोलकर देखते हैं, फिर बन्द कर उस पर हाथ रखते हैं। गम्भीर स्वर में]

पोंक्षे : मैं–जी.एन. पोंक्षे–ऑक्सफोर्ड इंग्लिश डिक्शनरी पर हाथ रखकर शपथ लेता हूँ कि जो कुछ कहूँगा सत्य कहूँगा, झूठ नहीं कहूँगा।

[बेणारे खिलखिलाकर हँस पड़ती है।]

काशीकर : *(डाँटकर)* बालू! गीता किधर है।

रोकड़े : *(दीन होकर)* भूल गया। भूल से यह डिक्शनरी आ गई। आखिर मैं भी क्या-क्या चीजें याद रखूँ।

बेणारे : बिचारा बालू!

रोकड़े : *(नाराज होकर)* आप मेरा मजाक मत बनाइए, कहे देता हूँ।

काशीकर : *(हथौड़ा पटककर)* एक्जैमिनेशन टु स्टार्ट।

काशीकर : *(सामन्त से)* अब यह वाली कार्रवाई जरा ठीक से देखो।

[सामन्त सिर हिलाता है।]

सुखात्मे : *(पोंक्षे के पास जाकर)* आपका नाम?

पोंक्षे : आगे चलाइए। बारीकियाँ सब रात में।

सुखात्मे : अच्छी बात है। तो गवाह मिस्टर पोंक्षे! आप अभियुक्त को पहचानते हैं?

बेणारे : *(बीच में ही पोंक्षे की शैली में)* हूँ।

पोंक्षे : *(बेणारे को पैनी निगाह से देखते हुए)* हाँ, खूब अच्छी तरह।

सुखात्मे : अभियुक्त के सामाजिक जीवन-स्तर का वर्णन आप किस तरह करेंगे?

पोंक्षे : शिक्षिका उर्फ मास्टर जी चाची! यानी स्कूल मास्टरनी।

बेणारे : *(जीभ निकालकर चिढ़ाती हुई)* अच्छी-भली जवान तो है।

सुखात्मे : मिस्टर पोंक्षे! अभियुक्त विवाहित है या अविवाहित है?

पोंक्षे : यह बात अभियुक्त से क्यों नहीं पूछते?

सुखात्मे : मैं आपसे पूछता हूँ। आप जवाब देंगे।

पोंक्षे : लौकिक दृष्टि में तो अविवाहित ही कहा जाएगा।

बेणारे : *(बीच में)* और अलौकिक दृष्टि से?

काशीकर : ऑर्डर! ऑर्डर! बेणारे बाई! संयम और संयम के महत्व को न भूलिए। *(सुखात्मे से)* यू मे कन्टिन्यू। मैं आया अभी।

[उठकर अन्दर के कमरे में चले जाते हैं।]

मि. काशीकर : यह भी बस इसी समय, समझे? रात में वह सब नहीं होगा। उस समय सब असली की तरह करना पड़ेगा।

सुखात्मे : *(अपने से ही)* यह मिस्टर काशीकर भी बेवक्त की डफली छोड़ देते हैं। *(सहज स्वर में)* हाँ तो मिस्टर पोंक्षे। अभियुक्त के नैतिक आचरण का आप अपनी दृष्टि से

किस तरह वर्णन करेंगे? सर्वसाधारण विवाहित स्त्रियों की तरह? कम से कम इस ट्रायल को आप सीरियसली कीजिए।

बेणारे : मगर सर्वसाधारण अविवाहित स्त्रियों का भी बेचारे क्या जाने आचरण-वाचरण।

पोंक्षे : *(बेणारे की बात को अनसुना करके)* नहीं अलग तरह का।

सुखात्मे : मिसाल के तौर पर?

पोंक्षे : मेरा मतलब यह कि अभियुक्त कुछ जरूरत से ज्यादा ही 'यह' है।

सुखात्मे : ज्यादा क्या है?

पोंक्षे : यानी कि पुरुषों के आगे-पीछे कुछ ज्यादा ही रहती है वह।

बेणारे : *(चिढ़ाती हुई)* च्च-च्च-च्च-च्च–बिचारा पुरुष।

सुखात्मे : मिस बेणारे! आपकी हरकतों से कोर्ट की बेअदबी हो रही है।

बेणारे : कोर्ट की! वह तो वहाँ गया है उस कमरे में। फिर उसकी बेअदबी इस कमरे में कैसे हो सकती है! और आपके विधान में तो बहुत से कमरे में भी नहीं है सुखात्मे!

[सामन्त मुदित होकर हँसता है।]

सुखात्मे : *(बेणारे से)* आपके मुँह लगना बेकार है। गवाह मिस्टर पोंक्षे...*(पोंक्षे कठघरे से थोड़ा हटकर कर्णिक से वार्तालाप में उलझा है।)* नो बडी इज सीरियस। *(पोंक्षे कठघरे में ठीक से खड़ा हो जाता है।)* मिस्टर पोंक्षे! अभियुक्त का किसी विवाहित या अविवाहित पुरुष से विशेष घनिष्ठ सम्बन्ध है या था? इस पर आप क्या प्रकाश डाल सकेंगे? *(जोर देकर)* ध्यान से सुनिए। विवाहित या अविवाहित पुरुष से!

बेणारे : हाँ-हाँ, क्यों नहीं, खुद सरकारी वकील सुखात्मे से ही है। और वह जो न्यायमूर्ति जी हैं उनके साथ भी। वैसे देखा जाए तो पोंक्षे जी और बालू के साथ भी। और वह जो कर्णिक खड़े हैं, उनसे भी?

रोकड़े : बेणारे बाई! पछताइएगा। कहे देता हूँ।

पोंक्षे : ऐसी दशा में यह मुकदमे का बच्चों जैसा खेल चलाने से क्या फायदा, सुखात्मे? नो बडी इज सीरियस। वह काशीकर वहाँ जाकर बैठ गए हैं। इनका यह हाल है। मुझे कुछ कहने का मौका ही नहीं दिया जाता।

कर्णिक : इससे तो कहीं गम्भीरता से मेरे नाटकों का रिहर्सल होता है।

मि. काशीकर : आखिर मंशा तेरी क्या है रे, बेणारे? समझ ले, अकेले तेरे पीछे रात का पूरा कार्यक्रम चौपट हो जाएगा।

बेणारे : मैंने क्या किया है? मैं तो मुकदमे में मदद दे रही हूँ।

[काशीकर भीतर से आकर अपनी कुर्सी पर फिर बैठ जाते हैं]

काशीकर : व्हाट हैपेंड? कन्टिन्यू, मिस्टर सुखात्मे! *(धीरे से)* कहाँ गई कनखोदनी!

बेणारे : मेरी तो तबीयत ऊब गई। मैं जा रही हूँ यहाँ से। जरा बाहर की ठंडी हवा खाकर आती हूँ। आप लोग अपना मुकदमा लेकर चाटिए। हूँ : भ्रूण-हत्या...।

कर्णिक : यही हाल रहा तो यह खेल बैठ ही जाएगा।

काशीकर : नहीं जी। एक बार तो इसे जरूर ही पूरा कर दो। जब छेड़ दिया है तो फिर पीछे क्यों हटे?

सामन्त : *(दुविधा में)* यानी क्या? अब यह नहीं होगा?

काशीकर : *(कनखोदनी पा जाते हैं)* हाँ। चलिए, मिली तो। चलिए, चलिए, शुरू कीजिए। हियरि गो टु कन्टिन्यू। *(बेणारे को चुप रहने का इशारा करते हैं।)* सुखात्मे! इन्तजार किस बात का है?

सुखात्मे : आपकी कनखोदनी के मिलने का मी लॉर्ड! *(फिर आवाज बदलकर वकीलाना शैली में)* मिस्टर पोंक्षे। *(कठघरे से निकलकर बाहर खड़ा था। हड़बड़ाकर कठघरे में वापस आ जाता है।)* आपको कभी अभियुक्त के रहन-सहन में कोई चीज चुभी थी?

पोंक्षे : यस! तमाम चीजें।

सुखात्मे : जैसे?

पोंक्षे : अभियुक्त के दिमाग में कई बार मुझे कुछ गड़बड़ी महसूस हुई। यानी कई बार उनका व्यवहार ऐसा रहा कि जो मेरी समझ से बाहर था।

सुखात्मे : फॉर एक्जेम्पल?

पोंक्षे : फॉर एक्जेम्पल, समझ लीजिए कि जैसे एक बार उन्होंने मेरी शादी तय कराने के लिए...और वैसे इस वक्त भी देख लीजिए यह पागलखाने के पेशेंट की तरह जीभ निकाले हुए खड़ी हुई है।

[बेणारे झट से जीभ भीतर कर लेती है।]

सुखात्मे : *(महत्वपूर्ण तथ्य हाथ लगने के उत्साह में)* गुड! अब आप बैठ सकते हैं, मिस्टर पोंक्षे। द ग्रेट साइंटिस्ट! अवर नेक्स्ट विटनेस मिस्टर कर्णिक द ग्रेट ऐक्टर!

[पोंक्षे कठघरे से बाहर निकलकर बेणारे की तरफ देखता हुआ एक तरफ हट जाता है। कर्णिक नाटकीय ढंग से आकर कठघरे में खड़ा हो जाता है।]

कर्णिक : आक्स!

सुखात्मे : शपथ, नाम, पेशा सब हो चुका है। अब मिस्टर कर्णिक आप अभिनेता हैं।

कर्णिक : *(नाटक के गवाह की तरह)* यस, और इस बात का मुझे गर्व है।

सुखात्मे : उसे छोड़िए। पहले आप यह बताएँ मिस्टर कर्णिक, *(बेणारे की तरफ इशारा)* महिला को जानते हैं? यू नो दिस लेडी?

कर्णिक : *(नाटकीयता से उसे देखकर)* यस सर! आई थिंक, आई नो दिस लेडी।

सुखात्मे : थिंक के क्या माने, मिस्टर कर्णिक?

कर्णिक : थिंक माने सोचना या विचार करना। आपको सन्देह हो तो डिक्शनरी है यहाँ पर।

[सुखात्मे झोंक में डिक्शनरी की तरफ जाते हैं और पहुँचने पर भूल का बोध होने पर वापस लौटते हैं।]

सुखात्मे : उसकी जरूरत नहीं है। आप इनको पहचानते हैं या नहीं पहचानते, दोनों में से सही क्या है? क्या इसका जवाब दे सकते हैं आप? हाँ बोलिए...।

कर्णिक : *(कन्धे को एक झटका देकर)* स्ट्रेंज। अक्सर तो लगता है कि मैं इनको पहचानता हूँ, मगर दरअसल पहचानता नहीं। ट्रुथ इज स्ट्रेंजर दैन फिक्शन।

सुखात्मे : आपसे इनका परिचय कहाँ का है?

कर्णिक : परिचय हमारी नाटक मंडली में ही हुआ है। हम लोग अभिरूप कोर्ट का कार्यक्रम करते हैं उसी में यह भी रहती हैं। हाँ, सच मुझे ही स्मरण है।

[सारे हाव-भाव नाटकीय]

सुखात्मे : कार्यक्रम किस तरह का होता है, मि. कर्णिक?

कर्णिक : टॉप।

सुखात्मे : *(ठेठ वकीलाना शैली में काशीकर से)* मी लॉर्ड! इस महत्वपूर्ण तथ्य को नोट कर लिया जाए।

काशीकर : हो जाएगा, आगे चलिए।

सुखात्मे : मिस्टर कर्णिक! सत्य का स्मरण करके कहिए कि जिस नाटक में आप काम करते हैं उसमें माता का वर्णन किन शब्दों में किया जाता है।

कर्णिक : आजकल के नए नाटकों में तो वह रहता ही नहीं है। वह सारे नाटक तो जीवन की अर्थहीनता पर आधारित होते हैं यानी कि इसे यों समझिए कि मनुष्य जो है वह स्वयं ही एक अर्थहीन।

काशीकर : यह तो...बस यही मुझे सख्त नापसन्द है। मनुष्य का कोई न कोई ध्येय होना ही चाहिए। बिना किसी ध्येय के इन्सान इन्सान नहीं, चूहा है।

सुखात्मे : उसकी चिन्ता छोड़िए। मि. कर्णिक, जरा सोचकर देखिए,

आपको अगर माता की व्याख्या करनी हो तो आप किस तरह करेंगे।

कर्णिक : जो बच्चे को जन्म दे वह माता है।

सुखात्मे : जन्म देने के बाद जो पाल-पोसकर बड़ा करती है, वह माता है या कि अपने राक्षसी पंजे धँसाकर उसका गला घोंट देती है वह माता है? इन दोनों में से कौन सी व्याख्या आपको ठीक लगती है?

कर्णिक : व्याख्या दोनों ही ठीक हैं, क्योंकि जन्म तो दोनों ही माताएँ बच्चे को देती हैं।

सुखात्मे : मिस्टर कर्णिक, मातृत्व के अर्थ क्या हैं?

कर्णिक : बच्चे को जन्म देना।

सुखात्मे : जन्म तो पशु भी अपने बच्चों को देते हैं।

कर्णिक : तो उनमें भी माताएँ होती हैं। मैंने कब कहा कि माताएँ सिर्फ इन्सानों में ही होती हैं, पशुओं में नहीं।

बेणारे : *(बड़ी सी जँभाई लेकर)* वकप! कर्णिक!

सुखात्मे : कर्णिक आज रंग में है।

काशीकर : यह सब रात में करना कर्णिक, अभी जरा सीधे-सीधे ही जवाब-सवाल होने दो।

सुखात्मे : गवाह मिस्टर कर्णिक! अब आप अच्छी तरह से सोच-समझकर जवाब दीजिए कि अभियुक्त का नैतिक चाल-चलन आपको कैसा लगता है?

कर्णिक : *(दो-तीन भयंकर पोज देकर)* यानी इस मुकदमे के सिलसिले में या कि असली?

सुखात्मे : असली, असली ही।

काशीकर : *(कान खोदते हुए)* मेरा तो ख्याल है कि फिलहाल यह सब प्रश्न मुकदमे के सिलसिले में ही चलने दीजिए, सुखात्मे!

कर्णिक : हाँ और क्या! वही ठीक होगा! उस तरह से देखा जाए तो अभियुक्त के नैतिक चाल-चलन के बारे में मुझे कोई जानकारी नहीं है।

सुखात्मे : सचमुच नहीं है?

कर्णिक : सचमुच। कम से कम इस मुकदमे के सिलसिले की तो कतई नहीं।

[बेणारे के चेहरे पर बेचैनी]

सुखात्मे : मिस्टर कर्णिक *(यकायक उत्साह में भरकर भिन्न स्वर में)* मिस्टर कर्णिक! विशेष समय में विशेष परिस्थिति में आपने अभियुक्त को सन्दिग्ध अवस्था में पाया है या नहीं? हाँ या न में जवाब दीजिए। यस ऑर नो।

कर्णिक : *(एकाएक)* नहीं-नहीं, मैंने कहाँ? इसने देखा है, इसने, रोकड़ ने।

रोकड़े : *(घबराकर)* नहीं, मुझे कुछ नहीं मालूम। मेरी बात मानिए, सचमुच मुझे कुछ भी मालूम नहीं है।

सुखात्मे : *(सीधे तनकर किसी बड़े बैरिस्टर की शैली में)* मिस्टर कर्णिक! थैक्यू सो मच। यू कैन टेक योर सीट नाऊ। *(कर्णिक कठघरे से बाहर आ जाता है)* नाऊ मिस्टर रोकड़े। गवाह के कठघरे में चलिए तो! हाँ, चलिए, चलिए।

काशीकर : *(सामन्त से)* समझ में आ रहा है न?

सामन्त : हाँ।

[रोकड़े दुविधा और घबराहट में वहीं का वहीं खड़ा है।]

रोकड़े : मैं...मैं नहीं।

सुखात्मे : मी लॉर्ड! चोबदार रोकड़े की गवाही की इस मुकदमे में सख्त आवश्यकता है। उसे गवाह के कठघरे में फौरन बुलाया जाए।

रोकड़े : *(दयनीय होकर)* मैं हरगिज नहीं आऊँगा। नहीं मानेंगे तो मैं चला जाऊँगा यहाँ से...।

[बेणारे खिलखिलाकर हँसती है।]

काशीकर : रोकड़े!

[रोकड़े आज्ञाकारी सेवक की तरह जाकर कठघरे में खड़ा हो जाता है। शरीर में कँपकँपी। बहुत नर्वस]

पोंक्षे : क्या देखा है जी उसने?

कर्णिक : कहाँ क्या देखा है? कुछ नहीं। मैंने तो यों ही छेड़ दिया है उसे। अपनी पारी में तुमने 'खो' मुझे दिया था और मैंने उसे दे दिया है, बस। सुखात्मे साहब का खेल चलता रहेगा। क्यों, ठीक किया कि नहीं?

सुखात्मे : शपथ, नाम, पेश...। अब आगे चलिए, मिस्टर रोकड़े! *(रोकड़े रुआँसा हो गया है।)* मिस्टर रोकड़े! अभी-अभी अपनी गवाही के बीच मिस्टर कर्णिक ने आपका जिकर किया था, क्या आपने सुना था? आप उस पर कहाँ तक प्रकाश डाल सकते हैं?

काशीकर : बालू! अब इस समय बिना झेंपे हुए एक बढ़िया सी गवाही दे तो दे। समझ ले, इस समय तेरा काम जम गया तो आगे प्रोग्राम में और चान्स मिलेगा। इतना अच्छा मौका फिर हाथ नहीं आएगा, बालू!...सामन्त! देख रहे हो न? ठीक से समझ-बूझ लेना।

[काशीकर उन्हें घूरते हैं। मिसेज काशीकर चुप हो जाती है।]

सुखात्मे : हाँ, मिस्टर रोकड़े! बोलिए, क्या देखा आपने?

[रोकड़े बहुत अधिक नर्वस। थूक निगलता रहता है।]

सुखात्मे : मिस्टर रोकड़े! ईश्वर का स्मरण करके बताइए कि आपने वहाँ पर क्या देखा? *(रोकड़े के मुँह से बात नहीं निकल पाती।) (विशेष फिल्मी कोर्ट की शैली में)* विशिष्ट समय में, विशिष्ट परिस्थिति में क्या देखा आपने? आन्सर प्लीज।

रोकड़े : *(किसी तरह)* अपना सिर।

[पसीने-पसीने है। बेणारे खिलखिलाकर हँसती जा रही है। कर्णिक पोंक्षे की तरफ देखकर आँख मारते हैं।]

काशीकर : *(दाँत खोदते हुए)* यह तो शुरू से ही ऐसा गावदुम है।

काशीकर : बालू! फिर चान्स मिलेगा नहीं तुझे। उत्तर दे जल्दी से। घबराने की उसमें क्या बात है? चार आदमी के बीच जरा बोलना-चालना चाहिए। है कि नहीं जी सामन्त?

सामन्त : हाँ, लेकिन वैसे यह काम मुश्किल तो है ही।

काशीकर : बालू! बोल न झटपट।

बेणारे : बालू! बोल न...बोल न मुन्ने, अ आ, इ, ई, उ, ऊ!

रोकड़े : *(उतनी घबराहट के बीच भी बेणारे को झिड़ककर)* चुप रहिए!

[पसीना पोंछता है]

सुखात्मे : *(वकील के लहजे में)* मिस्टर रोकड़े!

रोकड़े : आप जरा देर चुप रहिए न। *(अपने को भरसक संयत कर लगातार हँसे जा रही बेणारे को दो-एक बार देखकर)* सब बताता हूँ, रुकिए! अभी कुछ दिन पहले मैं गया था उनके घर...।

सुखात्मे : *(वकीलाना शैली)* मिस्टर रोकड़े, किसके घर गए थे आप?

रोकड़े : मुझे टोकिए नहीं बीच-बीच में। मैं गया था वहाँ—वह जो दामले साहब हैं, न—उनके घर।

[बेणारे स्तम्भित]

पोंक्षे : अवर प्रोफेसर दामले?

कर्णिक : तब तो उनके कॉलेज के हॉस्टल वाले कमरे की बात होगी।

रोकड़े : हाँ! ऐसे ही शाम का समय था। उस समय यह वहाँ पर मौजूद थी। यही बेणारे बाई।

सब लोग : कौन?

रोकड़े : *(बेणारे की तरफ देखकर)* अब हँसिए। क्यों? अब क्यों चुप हो गई? बनाइए न मजाक!—यही बेणारे बाई ही थी वहाँ पर...दामले और यह।

[बेणारे के चेहरे पर घबराहट। कर्णिक द्वारा पोंक्षे को इशारा]

सामन्त : *(मिसेज काशीकर से)* सुनिए! यह सब इसी कोर्ट वाले खेल का हिस्सा है या सच बात है?

सुखात्मे : *(एक खास तरह की सतर्क आवाज में)* मिस्टर रोकड़े! आप शाम को अँधेरा होते-होते प्रोफेसर दामले के कमरे पर पहुँचे तो वहाँ आपने क्या देखा? *(धमकती हुई गम्भीर आवाज में)* क्या देखा वहाँ?

काशीकर : *(बहुत रस ग्रहण करते रहे हैं पर ऊपरी दिखावे से)* सुखात्मे! यह कुछ व्यक्तिगत-सा हुआ जा रहा है। इस तरह तो...।

सुखात्मे : नहीं! बिल्कुल नहीं मी लॉर्ड! यह तो इस मुकदमे का ही एक अंश है। हाँ तो, मिस्टर रोकड़े!

बेणारे : मुझे यह सब पसन्द नहीं है, कहे देती हूँ। इससे इस मुकदमे के खेल से क्या मतलब?

मि. काशीकर : मगर तू इतनी यह क्यों हो रही है रे बेणारे? चलने दो जी, सुखात्मे।

बेणारे : मेरी व्यक्तिगत बातों को यहाँ उछालने की कोई जरूरत नहीं है। मैं चाहे जिसके घर जाऊँ-आऊँ, आपसे क्या मतलब! दामले कोई मुझे खा तो नहीं रहे थे!

सुखात्मे : हाँ, तो, आपने वहाँ पर क्या देखा, मिस्टर रोकड़े? हाँ-हाँ, कहिए, कहिए। बेणारे बाई मुकदमे का मजा किरकिरा मत कीजिए। जरा सुनिए तो ध्यान से। बड़ा मजेदार होता है यह खेल। जरा सब्र कीजिए। हाँ जी, रोकड़े, फौरन बताइए आपने वहाँ क्या देखा? संकोच बिल्कुल मत कीजिए।

रोकड़े : *(पहले कुछ ठिठककर, फिर बिल्कुल नाक की सीध में नजर किए हुए)* दोनों बैठे थे।

सुखात्मे : आपने और क्या देखा?

रोकड़े : बस इतना ही देखा। *(सुखात्मे निराश होते हैं।)* मगर मुझे बड़ा अजब लगा यह देखकर। अँधेरा बढ़ रहा था और दामले के कमरे में यह...।

बेणारे : अबोध है अभी मुन्ना।

रोकड़े : अच्छा, फिर मुझे देखकर आपके चेहरे पर हवाइयाँ क्यों

उड़ने लगी थीं, बोलिए? क्यों, अब क्यों चुप हो गईं? दामले ने बाहर की बाहर मुझे काट दिया, नहीं तो हमेशा वह अन्दर बुलाकर बैठाते थे, कमरे में।

बेणारे : *(हँसती हुई)* क्यों काट दिया यह तो तुम्हारे दामले साहब जानें, मगर मेरे चेहरे पर जो हवाइयाँ उड़ती हुई तुमने देखीं वह तो सिर्फ इस अफसोस में कि उन्होंने मेरे सामने तुम्हें काट दिया था।

सुखात्मे : *(काशीकर से)* मी लॉर्ड! गवाह मिस्टर रोकड़े ने जो कुछ देखा, वह आगे और कुछ क्यों नहीं देख सके यह तो वही जानें, मगर जो कुछ भी उन्होंने देखा उसे नोट कर लिया जाए। निश्चय ही अभियुक्त का आचरण सन्देहपूर्ण है। यह बात किसी अन्य व्यक्ति की नजर से देखने पर साफ जाहिर होती है।

बेणारे : क्या साफ जाहिर होता है? मैं तो कल प्रिंसिपल के केबिन में भी दिखाई पड़ सकती हूँ, उससे क्या मेरा आचरण सन्देहपूर्ण हो जाएगा? कुछ पता भी है? पैंसठ वर्ष के हैं हमारे प्रिंसिपल!

सुखात्मे : मी लॉर्ड! अभियुक्त का यह वाक्य भी प्रमाण के रूप में आगे इस्तेमाल करने के लिए नोट कर लिया जाए।

बेणारे : आपको चाहिए तो मैं पच्चीस और आदमियों के नाम-पते दे सकती हूँ जिनके साथ अकेली घूमती-फिरती हूँ। हूँ! मुकदमा चलाने चले हैं! अभियुक्त का आचरण सन्देहपूर्ण है! कुछ अर्थ भी जानते हैं इसके? सीधे-सीधे शब्द के अर्थ तो आते नहीं।

[कर्णिक की पोंक्षे से इशारे में बातचीत]

सुखात्मे : मी लॉर्ड! अभियुक्त का यह वाक्य भी मेरे विचार से अत्यन्त महत्वपूर्ण होने के कारण नोट कर लिया जाए।

काशीकर : *(दाँत खोदते हुए)* कौन-सा? सीधे शब्द के अर्थ समझ में नहीं आते, यह?

सुखात्मे : नहीं, पच्चीस और आदमियों के नाम-पते वाली बात जिनके साथ यह घूमती-फिरती हैं अकेली।

बेणारे : अभी जरा देर पहले जब यहाँ पहुँची तो इस सामन्त के साथ भी तो अकेली ही थी कि नहीं? लिखिए—इनका भी नाम-पता लिखिए।

सामन्त : *(हड़बड़ाकर उठता हुआ, घबराहट भरे स्वर में)* नहीं-नहीं! यह बेणारे बाई तो मेरे साथ बहुत शराफत के साथ बातचीत कर रही थी। कोई गड़बड़ी नहीं। हम लोग तो बस सिर्फ मोहिनी विद्या पर ही बातें कर रहे थे।

सुखात्मे : मी लॉर्ड! मोहिनी विद्या का उल्लेख बड़े महत्व का है। इसलिए इसे भी नोट कर लिया जाए।

काशीकर : *(दाँत खोदते हुए)* मगर सुखात्मे! कोर्ट की कार्रवाई के नियमों में यह सब कहाँ तक ठीक बैठता है?

कर्णिक : नहीं बैठता तो भी क्या हुआ? यह तो अभी यों ही हो रहा है। दिस इज जस्ट अ रिहर्सल।

पोंक्षे : यस, दिस इज जस्ट अ गेम। खेल है यह तो। यहाँ कौन सीरियस कोर्ट चल रहा है? सुखात्मे! बस आज तो मजा आ गया, चलाए रखो। *(कर्णिक से)* यार! वकील तो यह अच्छा मालूम पड़ता है। फिर इसकी वकालत चलती क्यों नहीं?

सामन्त : *(मिसेज काशीकर से)* मगर बाई! उस मोहिनी विद्या में ऐसा कुछ भी नहीं है—हाँ, सच कहता हूँ! बस, यही समझ लीजिए कि हिप्नॉटिज्म।

पोंक्षे : *(उसे बैठने का इशारा करते हुए)* बैठो भी जी तुम। अरे, यह तो एक खेल है। चल रहा है।

कर्णिक : *(सुखात्मे से)* सुखात्मे! रुकने मत देना, चलाए चलो। *(मिसेज काशीकर से)* कहिए काशीकर बाई! कैसा लग रहा है?

मि. काशीकर : अब तो बड़ा मजेदार हो चला है भैया यह। पहले नहीं लगता था। सुखात्मे! रुकने मत देना चलाए चलो।

सुखात्मे : *(इन बातों से उत्तेजित होकर)* मिस्टर रोकड़े! अब आप कठघरे से बाहर जा सकते हैं।

[रोकड़े राहत से हुश्श करता हुआ तुरन्त ही बाहर

निकल जाता है और सीधे अन्दर वाले कमरे में चला जाता है।]

: नाऊ मिस्टर सामन्त।

सामन्त : *(खड़ा-खड़ा अविश्वास और दुविधापूर्ण स्वर में)* मैं? मुझसे...कहा?

सुखात्मे : आइए! *(गवाह के कठघरे की तरफ इशारा करते हैं। सामन्त आकर खड़ा हो जाता है।)* घबराने की कोई बात नहीं है, मिस्टर, सामन्त। आपसे जो प्रश्न पूछे जाएँ उनका...।

सामन्त : उत्तर देना है।

सुखात्मे : होशियार हो।

काशीकर : कोई परेशानी की बात नहीं है, सामन्त! यह तो प्रैक्टिस ही है। असली तो रात में है।

सामन्त : हाँ-हाँ। जानता हूँ कि रात में ही है। मैं घबरा नहीं रहा हूँ। अभी जरा ठीक से आता नहीं है न, इसलिए बस। *(सुखात्मे से)* शपथ लिये लेता हूँ, फिर सुविधा हो जाएगी।

सुखात्मे : ऑल राइट! चोबदार रोकड़े।

[रोकड़े है नहीं]

सामन्त : वह शायद वहाँ गए हैं भीतर। मैं खुद ही ले लेता हूँ शपथ। *(तुरन्त डिक्शनरी उठाता है और उस पर हाथ रखता है।)* शपथ लेकर कहता हूँ कि जो कुछ कहूँगा, सच कहूँगा, झूठ नहीं कहूँगा। मेरा मतलब कि बस इस मुकदमे में जैसा सच होता है वैसा ही। यानी इस तरह से झूठ ही हुआ। मगर प्रैक्टिस के लिए शपथ ले रहा हूँ। *(हाथ अभी भी डिक्शनरी पर ही है।)* बात यह है कि अब जान-बूझकर झूठ बोलने का कलंक क्यों अपने माथे लूँ। *(खेदयुक्त स्वर में)* ईश्वर वगैरह को मानता हूँ न मैं। चलिए, शपथ हो गई। *(गवाह के कठघरे में वापस आकर सुखात्मे से)* कहिए, कैसा रहा? *(काशीकर बाई से)* देखा? वैसे डरता-वरता नहीं हूँ। बस जरा पहली बार कर रहा हूँ

न, इसीलिए कुछ गड़बड़ हो जाती है। *(सुखात्मे से)* हाँ, पूछिए।

सुखात्मे : नाम-पेशा–सब हो चुका है?

सामन्त : आपको पूछना है क्या? पूछना हो तो पूछ सकते हैं।

सुखात्मे : नहीं! अब मिस्टर...।

सामन्त : सामन्त! बीच में ही कई लोग मेरा नाम भूल जाते हैं इसीलिए बताना पड़ता है।

सुखात्मे : इट्स ऑल राइट। मिस्टर सामन्त! अभियुक्त मिस बेणारे को आप पहचानते हैं?

सामन्त : *(साभिमान)* हाँ-हाँ। मगर ज्यादा नहीं, कुल दो-ढाई घंटों में ऐसी क्या पहचान हो सकती है! मगर हो तो गई ही है। बहुत अच्छी है बाई।

सुखात्मे : मगर उनके बारे में जो धारणा आपके मन में बन गई है वह उतनी अनुकूल और विश्वसनीय नहीं लगती है न? क्यों?

सामन्त : हाँ। नहीं-नहीं...लगेगी क्यों नहीं? जरूर लगेगी। मेरी माँ तो एक सेकंड में चेहरा देखकर आदमी को परख लेती थी। अब तो बिचारी को बिल्कुल दिखाई ही नहीं देता। बूढ़ी जो हो गई है।

[रोकड़े अन्दर से आकर अपने पूर्व स्थान पर खड़ा हो जाता है। बेणारे अभियुक्त के कठघरे में हाथ पर गाल टिकाए आँखें बन्द किए हुए एकदम निश्चल बैठी हुई है।]

: वह तो सो गई लगती है। वह देखिए बेणारे बाई।

बेणारे : *(आँखें बगैर खोले हुए)* जाग रही हूँ। नींद तो चाहने पर कभी भी नहीं आती। आती ही नहीं।

सामन्त : यह झंझट मेरे साथ नहीं है। मैं जब चाहूँ फौरन आ जाती है नींद। *(सुखात्मे से)* आपको?

सुखात्मे : मेरी नींद का तो तरीका ही विचित्र है, आती है तो एकदम झट से आती है और नहीं आती तो चार-चार घंटे गुजर जाते हैं, आती ही नहीं।

[काशीकर की कान और दाँत खोदने की क्रिया लगातार चल ही रही है।]

काशीकर : सिर पर आँवले का तेल ठोंकते जाओ, सुखात्मे! बिल्कुल अन्दर तक जज्ब हो जाने दो। मैं तो वही करता हूँ। फिर चाहे कितनी भी टेढ़ी सामाजिक समस्या क्यों न हो, आँवले का तेल सिर में दबाया और लेने लगे खर्राटे। और इतना समझ लो कि इधर नींद आई नहीं कि उधर दिमाग एकदम शान्त। और दिमाग शान्त न रहा तो फिर सामाजिक समस्याओं पर आप लाख सिर पीटते रहिए, हल होने की ही नहीं। दिमाग और हाजमा बस यही तो वह दो चीजें हैं शरीर की जो बहुत महत्वपूर्ण हैं।

सामन्त : हाँ, *(सुखात्मे से)* मगर आप अपने प्रश्न जल्दी-जल्दी पूछकर छुट्टी कीजिए न!

सुखात्मे : *(पहले का सूत्र पकड़कर)* मिस्टर...

सामन्त : सामन्त।

सुखात्मे : अभियुक्त को–यानी मिस बेणारे को–रोकड़े ने प्रोफेसर दामले के कमरे में शाम के वक्त, जबकि अँधेरा हो चला था, देखा!

सामन्त : बिल्कुल ठीक।

सुखात्मे : उस मौके पर कमरे में अभियुक्त तथा प्रोफेसर दामले के अतिरिक्त और कोई भी मौजूद नहीं था।

सामन्त : करेक्ट! मगर मुझसे भी तो कुछ पूछिए।

सुखात्मे : पूछता हूँ! तो उसके आधे घंटे के बाद आप वहाँ पहुँचे।

सामन्त : कहाँ? नहीं-नहीं। वह कमरा तो बम्बई में है और मैं रहता हूँ यहाँ। इस कस्बे में। मैं कैसे पहुँच सकता वहाँ। मैं तो आज तक यह भी नहीं जानता कि आपके प्रोफेसर दामले गोरे हैं या काले। फिर उनके कमरे में कहाँ से पहुँच जाऊँगा मैं? अच्छा तमाशा है? यह भी कोई पूछने का तरीका है?

सुखात्मे : आप पहुँचे वहाँ!

सामन्त : आपके समझने में कोई भूल हो गई है, वकील साहब।

सुखात्मे : मिस्टर सामन्त! मुकदमे में कुछ बातें काल्पनिक रूप से हम मानकर ही चलते हैं।

कर्णिक : और फिर जब अभियोग ही काल्पनिक है तो क्या रहा? सभी कुछ काल्पनिक है।

पोंक्षे : सिर्फ अभियुक्त ही काल्पनिक नहीं है।

सामन्त : *(मिसेज काशीकर से)* देखा! मेरी ही पारी में सब गड़बड़ हो गया। *(सुखात्मे से)* ठीक है। चलिए, मैं आधे घंटे बाद प्रोफेसर दामले के कमरे में पहुँचा। फिर?

सुखात्मे : आप ही बताइए।

सामन्त : मैं कैसे बता सकता हूँ!

सुखात्मे : तो और कौन बताएगा?

सामन्त : हाँ, सचमुच! मैं ही तो बताऊँगा। मगर बड़ा मुश्किल है। अभियुक्त और प्रोफेसर दामले। रूम! शाम का समय...

पोंक्षे : अँधेरा पड़ने लगा था।...

कर्णिक : उसके आधे घंटे बाद यानी खास अँधेरा। नाइट सीन। कॉलेज के कम्पाउंड में सन्नाटा।

सामन्त : *(एकाएक)* ठीक है, पूछिए—हाँ तो मैं पहुँचा। आँ। तो जब पहुँचा तो क्या हुआ कि—दरवाजा बन्द।

सुखात्मे : दरवाजा बन्द?

सामन्त : हाँ! दरवाजा बन्द! बाहर से नहीं। अन्दर से। और मैंने दरवाजा खटखटाया। नहीं! घंटी बजाई। दरवाजा खुला। मेरे सामने एक अपरिचित आदमी खड़ा था। सोचिए, कौन रहा होगा वह? अरे, वही प्रोफेसर दामले। उन्हें पहली ही बार देख रहा था न मैं। तो अपरिचित तो लगे ही होंगे।

पोंक्षे : वाह जी सामन्त!

काशीकर : खूब गवाही दे रहा जी यह तो।

सामन्त : *(उत्साहित होकर)* तो साहब! मेरे सामने दामले खड़े थे। मुझे देखते ही झुंझलाकर बोले—यस, किससे मिलना है?

पोंक्षे : *(कर्णिक से)* एकदम ठीक वर्णन कर रहा है यह प्रोफेसर दामले का।

सामन्त : मैंने कहा, 'प्रोफेसर दामले।' वह बोले, 'घर में नहीं हैं' और साथ ही धड़ से दरवाजा बन्द कर लिया। एक मिनट

तो सन्न खड़ा रहा इस उलझन में। उलझा रहा कि लौट जाऊँ या फिर से घंटी बजाऊँ? क्योंकि मेरा काम जरूरी था।

सुखात्मे : कौन-सा काम था?

सामन्त : कौन-सा यानी क्या? जैसे मान लीजिए–कुछ भी मान लीजिए, समझ लीजिए मुझे प्रोफेसर दामले का भाषण तय करना था। भाषण देते हैं न वह, प्रोफेसर हैं इसीलिए पूछा–देते हैं न वह? प्रोफेसर ही होंगे। तो मैं यह सोचता हुआ वही खड़ा रहा कि मैं भाषण निश्चित किए बिना कैसे लौट जाऊँ, इतने में कमरे में से रोने की दबी आवाज आई।

काशीकर : रोने की!

सामन्त : हाँ, और क्या? रोने की अस्फुट आवाज। वह भी किसी स्त्री की।

सुखात्मे : *(रोमांचित होकर)* यस।

सामन्त : पल भर वह वहाँ ठगा-सा खड़ा रहा। वह यानी कि मैं ही। वह यानी कि मैं समझ ही नहीं पाया कि आखिर कौन रो रहा है? यानी कि यह बात तो मेरे मन में भी साफ थी कि वह स्त्री प्रोफेसर दामले के घर की नहीं रही होगी। आप पूछ सकते हैं कि कैसे? तो उसके जवाब में मैं यह कहूँगा कि उसके रोने का ढंग ही कुछ ऐसा रहस्यमय था और आवाज इतनी दबी हुई तथा अस्फुट थी कि वह स्त्री उस घर की नहीं लग रही थी, क्योंकि अपने ही घर में कोई चोरी-चोरी क्यों रोएगा? बस, इसी दुविधा में खड़ा था कि मेरे कान में फौरन ही कुछ बातचीत की भनक पड़ी।

काशीकर : बातचीत!

कर्णिक : क्या थीं वे बातें?

सामन्त : न, यह गलत बात है। आप नहीं पूछ सकते कुछ। बस यह वकील साहब पूछ सकते हैं।

सुखात्मे : क्या थी वह बातचीत? कौन बोल रहा था?

सामन्त : सिवा उस महिला के जो अन्दर दबी-दबी आवाज में

सिसकियाँ ले रही थीं और कौन बोल रहा होगा?

काशीकर : हाय राम! अरे, बता तो कम से कम कि आखिर वह मरी थी कौन? *(बेणारे की ओर अनजाने ही एक तिरछी नजर।)*

सामन्त : उहुँक! सिर्फ यह पूछेंगे–यह वकील साहब। आप नहीं।

सुखात्मे : पूछता हूँ मैं। मिस्टर सामन्त, आप पहले यह बताइए कि आपके कान में बातचीत की जो भनक पड़ी वह क्या थी? फौरन कहिए। समय बरबाद मत कीजिए। जल्दी मिस्टर सामन्त बी क्विक!

सामन्त : वह बातचीत यों थी–सारी बातें बताऊँ?

सुखात्मे : जितनी याद है, उतनी सारी बातें कह डालिए। मगर कहिए...।

सामन्त : *(कुछ घबराया हुआ हाथ में थमी हुई किताब की तरफ देखकर)* मुझे ऐसी परिस्थिति में आप छोड़ देंगे तो मैं जाऊँगी कहाँ?

[बेणारे स्तम्भित]

मि. काशीकर : ऐसे पूछ रही थी?

सामन्त : 'मैं क्या जानूँ'?

सुखात्मे : *(खीजकर)* तो फिर कौन जानेगा?

सामन्त : नहीं-नहीं। मैं तो उस स्त्री के प्रश्न का जवाब बता रहा हूँ जो प्रोफेसर दामले ने उसे दिया था।

सुखात्मे : अच्छा-अच्छा।

सामन्त : 'तुम कहाँ जाओगी यह तुम जानो। तुम्हारे साथ मुझे सहानुभूति है। मगर मैं कर क्या सकता हूँ। अपनी प्रतिष्ठा को मैं खतरे में नहीं डाल सकता। इस पर 'मुझे तबाह कर तुम प्रतिष्ठा की दुहाई दे रहे हो? बड़े निष्ठुर हो तुम।' इस पर–'निष्ठुर तो दुनिया ही है।'

काशीकर : *(जल्दी-जल्दी कान खोदते हुए)* आई सी! आई सी...

सुखात्मे : *(रोमांचित होकर)* कमाल है। सचमुच कमाल है!

सामन्त : 'आप इस तरह मुझे बेसहारा छोड़ देंगे तो आत्महत्या कर लूँगी मैं।' 'तो कर लो। मैं कुछ नहीं कर सकता। मैं भी

विवश हूँ। हाँ, तुम्हारी मृत्यु से तकलीफ मुझे भी होगी।'

सुखात्मे : सिम्प्ली प्रिलिंग।

सामन्त : 'मगर यह जान लो, कि इस तरह की तुम्हारी धमकियों में मैं आने वाला नहीं। मैं अपने कर्तव्य से नहीं हट सकता।' 'तो इतना जान लीजिए कि आपके ऊपर दो– नहीं-नहीं, एक-नहीं, दो ही, दो हत्याओं का पाप लगेगा। इससे आप बच नहीं सकते।' इस पर एक भयंकर अट्टहास।

बेणारे : *(एकाएक बहुत क्रोधित होकर)* चुप रहो!

काशीकर : *(हथौड़ा पटककर)* ऑर्डर! ऑर्डर!

बेणारे : झूठ है यह सब। बिल्कुल झूठ है।

पोंक्षे : हाँ, सो तो है ही। उससे क्या?

कर्णिक : झूठ है तो भी कितना असरदार है।

काशीकर : हाँ जी, सामन्त! तुम आगे बताओ जी।

बेणारे : नहीं! मैं कहती हूँ बन्द करो, यह सब बकवास बन्द करो तुरन्त।

सामन्त : *(घबराकर)* मगर बेणारे बाई! क्या हुआ, क्या?

बेणारे : एकदम बन्द करो यह सब तमाशा। इसका एक रत्ती भी सही नहीं है।

सामन्त : सो तो है ही।

बेणारे : बनावटी है सब। सब सरासर झूठ है।

सामन्त : आप ठीक कह रही हैं।

बेणारे : साफ झूठ बोल रहे हो तुम।

सामन्त : हाँ, और क्या? *(किताब वाला हाथ आगे करके)* यह देखिए न इस किताब से तो कह रहा हूँ सब!

सुखात्मे : मिस्टर सामन्त! हाँ, भयंकर अट्टहास। फिर? उसके बाद?

बेणारे : अब एक शब्द भी मुँह से निकला तो मैं चली जाऊँगी यहाँ से।

सुखात्मे : मिस्टर सामन्त!

बेणारे : सब मिट्टी में मिला दूँगी। चकनाचूर कर दूँगी सब! एकदम तहस-नहस कर दूँगी।

मि. काशीकर : अरी बेणारे! अपने मन में जब तू साफ है तब फिर इतना चीख-पुकार, कोहराम क्यों?

बेणारे : जान-बूझकर मेरे ऊपर कोई दाँव चलाया है तुम लोगों ने। जाल बिछाया है कोई।

सामन्त : छिः-छिः-छिः! अरे नहीं, बाई! सचमुच ऐसी कोई भी बात नहीं।

सुखात्मे : मिस्टर सामन्त! आन्सर प्लीज! प्रोफेसर दामले ने भयंकर अट्टहास किया। फिर उसके बाद वह अज्ञात स्त्री क्या बोली?

सामन्त : *(जल्दी से किताब खोलकर देखता हुआ)* रुकिए, मैं जरा वह पेज निकाल लूँ पहले, तब बताऊँ।

बेणारे : सामन्त! अब एक भी अक्षर मुँह से निकला तो समझ लेना, बस अब देख ही लेना तुम!

सुखात्मे : *(धमकीपूर्ण स्वर में)* मिस्टर सामन्त।

सामन्त : अच्छी मुसीबत हो गई है। वह पेज भी नहीं मिलता।

सुखात्मे : *(काशीकर से)* मी लॉर्ड! अभी-अभी सामने आया हुआ यह सम्पूर्ण प्रसंग अपने आपमें इतना स्पष्ट और मुखर हो चुका है कि इस पर अब और अधिक बहस की गुंजाइश महसूस नहीं हो रही है। इस सारे बयान को अभियुक्त के खिलाफ अपनी तरफ की लिखा-पढ़ी में शामिल कर लिया जाए।

काशीकर : रिक्वेस्ट ग्रांटेड।

बेणारे : हाँ-हाँ! करो-करो। खूब जी-भर लिखा-पढ़ी करो। जो-जो तबीयत में आए लिख लो। *(आँखें आँसुओं में डबडबाई हुईं, कंठ अवरुद्ध। चेहरे पर मन के भीतर का दर्द झलक रहा है। निडर और रुआँसी आवाज में)* क्या कर लोगे तुम लोग मेरा? कर लो जो मन में आए।

[आँखों में टप-टप आँसू, विंग में तेजी से चली जाती है। वातावरण एकाएक बोझिल और स्तब्ध। सामन्त को छोड़कर शेष सबकी मुख-मुद्राएँ बदल जाती हैं। और धीरे-धीरे वह विचित्र सतर्कता,

उत्सुकता और बेचैनी उनके चेहरे पर उभरती हैं।]

सामन्त : *(बहुत दुखी होकर)* अरे-अरे! यह क्या हो गया एकदम से बाई को?

काशीकर : *(कान खोदते हुए)* अचानक कैसा उलझाव पैदा हो गया इस सारे तमाशे में। दरअसल आजकल का सामाजिक वातावरण ही इस तरह उलझा हुआ है। सुखात्मे, देखा न! किसी भी चीज में निर्मलता नहीं रह गई।

सुखात्मे : इसीलिए तो मैं कहता हूँ, मिस्टर काशीकर! कि हम जैसे सुलझे हुए दिमाग के व्यक्तियों को इस प्रसंग पर अत्यन्त गम्भीरता और जिम्मेदारी से विचार करना चाहिए। दिस शुड नॉट बी टेकेन लाइटली।

काशीकर : बिल्कुल ठीक कह रहे हो, सुखात्मे।

सुखात्मे : मगर सिर्फ विचार करने से भी समस्या सुलझेगी नहीं। उस पर अमल भी करना चाहिए। ऐक्शन! क्यों कर्णिक?

कर्णिक : यस, ऐक्शन।

पोंक्षे : राइट।

सुखात्मे : भावनाओं में डूबने-उतराने से यहाँ काम नहीं चलेगा। यहाँ तो हम सबको मिलकर—बी मस्ट ऐक्ट।

काशीकर : मगर एक बात सुनो जी। मामला क्या है?

मि. काशीकर : तुम जरा चुप रहो जी। क्या हो सकता है जी सुखात्मे? कुछ अन्दाज?

सुखात्मे : *(कुछ अन्दाज लगाने का भाव)*—दैट इज द मिस्ट्री। *(सामन्त खड़ा परेशान और चिन्तित।)* एंड आई थिंक वी नो द आन्सर टू दिस मिस्ट्री।

कर्णिक, पोंक्षे, रोकड़े : क्या?

काशीकर, मि. काशीकर : क्या?

[अन्दर के दरवाजे पर बेणारे आकर खड़ी है।]

सुखात्मे : *(उसकी अनुपस्थिति से अनभिज्ञ)* अरे मित्रो! सीधा तर्क है। मिस्टर सामन्त ने जो बातें किताब से कहीं या गढ़ीं, उनमें तथ्य है। इट होल्ड्स वाटर!

मि. काशीकर : हाय राम! इसके माने, ये बेणारे अपने प्रोफेसर दामले के साथ।

सुखात्मे : यस। बियांड अ शेड ऑफ डाउट! कोई शक ही नहीं।

मि. काशीकर : बाप रे!

रोकड़े : *(कुछ अधिक ढीठ होकर)* मुझे तो पहले ही मालूम था।

सुखात्मे : श्‌-श्‌ऽऽऽ

[कमरे के दरवाजे पर बेणारे को खड़ा देखकर चुप हो जाते हैं। सब लोग उसे देखने लगते हैं। वह कुछ निश्चय सा करके सीधी अपने सामान के पास जाती है। पर्स और डोलची उठाती है और बाहर के दरवाजे की तरफ तेजी से बढ़ जाती है। दरवाजे की साँकल खोलती है। सब एकटक उसे ही देख रहे हैं। दरवाजा खुलता ही नहीं। वह दरवाजे को खींचती है। वह खुलता ही नहीं। वह जोर-जोर से खींचती है। वह बाहर से बन्द है। क्रोध में भरकर वह दरवाजे पर धक्के मारती है, झकझोरती है, मगर बन्द ही है। सामन्त को छोड़कर हर व्यक्ति का चेहरा एक विचित्र इत्मीनान और आह्लाद से चमक उठता है।]

सामन्त : लो, हो गई न गड़बड़। बाहर से कुंडी बन्द हो गई। बस, यही तो होता है इस दरवाजे में। बाई, जरा रुकिए आप। *(उठकर आगे बढ़ता है, खोलने का प्रयास करता है।)* बाहर से आते समय जब दरवाजा खोलने गया तो कड़ी ठीक से खिसकाई नहीं गई और भीतर से दरवाजा बन्द करते ही बस हो गया बंटाढार। हुआ जेलखाना हम लोगों का। यह तो तय है इसका। अब तो चाहे सर पटककर रह जाइए, यह दरवाजा खुलने का नहीं। मजे की बात तो यह है कि ऑफिस बन्द होने की वजह से इस समय बाहर

कोई होगा भी नहीं जो दरवाजे को खोल दे। *(दरवाजे को बार-बार धक्के देता है। झकझोरता है।)* धत्तेरे की। *(बेणारे से)* बाई! जब आपने कड़ी खींची थी तभी गलती हो गई। यह बिल्कुल किनारे तक खिसका देनी चाहिए थी। *(फिर खींचकर देखता है। कोई फायदा नहीं होता। हारकर किनारे हट जाता है।)* बन्द ही है।

[बेणारे अभी भी उसी दरवाजे के पास खड़ी रहती है। दर्शकों की ओर पीठ]

काशीकर : *(कान को तल्लीन होकर खोदते हुए)* मुझे तो ऐसा लग रहा है सुखात्मे कि अब ऐसी दशा में हम अपने मुकदमे को ही और आगे बढ़ाते चलें।

सुखात्मे : *(सहसा एक विकृत उत्साह से आगे झुककर वकीलाना अन्दाज में)* यस, मी लॉर्ड! *(आँखों में चमक)* मी लॉर्ड, गवाह के कठघरे में सबसे पहले अभियुक्त को ही उपस्थित किया जाए।

(परदा)

तृतीय-अंक

[वही स्थिति। वक्त शाम। पात्र दूसरे अंक के अन्त में जिस स्थान पर थे वहीं]

सुखात्मे : *(अचानक एक विकृत उत्साह से भरकर, वकीलाना अन्दाज में झुककर)* मी लॉर्ड! *(आँखों में चमक)* मी लॉर्ड! गवाह के कठघरे में सबसे पहले अभियुक्त को ही उपस्थित किया जाए।

काशीकर : *(कान खोदते हुए)* अभियुक्त मिस बेणारे! गवाह के कठघरे में चलिए। चलिए। कठघरे में चलिए, मि. बेणारे! *(बेणारे यथावत्)* कमाल है! न्यायासन के सामने ही उसकी यह बेअदबी? चोबदार रोकड़े! अभियुक्त को कठघरे में ले चलो!

रोकड़े : *(बहुत घबराकर हकलाता हुआ)* म म मैं...।

[बेणारे यथावत्]

मि. काशीकर : रुको जी, मैं लिये चलती हूँ। जरूरत ही क्या है उसकी? *(बेणारे को जबरन ले जाती हुई)* चल रे बेणारे!

[उसे कठघरे के भीतर ले जाकर खड़ा कर देती है। उसके चेहरे पर जाल में फँस गए शिकार जैसी दहशत और बेबसी।]

सुखात्मे : *(काला गाउन समारम्भपूर्वक चढ़ाते हुए बेणारे को देखकर)* मी लॉर्ड! मुकदमे की इस बदली हुई अत्यन्त गम्भीर स्थिति को देखते हुए मेरी यह सलाह है कि न्यायमूर्ति भी अगर अपना गाउन धारण कर लें तो वह

प्रभावशाली लगेगा।

काशीकर : एक्जैक्टली। रोकड़े! मेरा गाउन देना!

[रोकड़े काला गाउन निकालकर देता है। मिस्टर काशीकर उसे चढ़ा लेते हैं, और साथ ही उनके व्यक्तित्व और वातावरण की गम्भीरता और भव्यता बढ़ जाती है।]

सुखात्मे : मिस्टर सामन्त! मिसेज काशीकर! पोंक्षे! कर्णिक! आप सब अपनी-अपनी जगह क्रम से बैठ जाएँ! *(स्वयं सज-सँवरकर, ध्यानस्थ हो आँखें बन्द कर लेते हैं। फिर धीरे-से अपने मुँह पर दो-तीन चपत लगाकर अज्ञात दिशा में तीन-चार नमस्कार करते हैं।)* पिता ने यह आदत डाल दी है, काशीकर! जब किसी कार्य के लिए जाना होता है तो कुलदेवता का स्मरण और प्रार्थना अवश्य कर लेता हूँ। उससे कितनी पवित्रता आती है। मन को बल मिलता है। *(बल प्राप्त हो जाने का भाव। अखाड़े के मल्ल की तरह दो-एक कदम चलते हैं)* गुड! नाऊ टू बिजनेस। अभियुक्त को शपथ दिलाई जाए।

[रोकड़े डिक्शनरी लेकर बेणारे के सामने जाकर खड़ा होता है। बेणारे बुत-सी स्तब्ध और निश्चल।]

काशीकर : *(अपना विंग सँभालते हुए)* अभियुक्त मिस बेणारे! शपथ ग्रहण कीजिए।

[बेणारे निश्चल]

सामन्त : *(धीमे स्वर में)* अरे, कर लीजिए न बाई। खेल ही तो है यह।

मि. काशीकर : *(आगे बढ़कर)* लाओ जी, मुझे दो! मैं अभी दिलाए देती हूँ शपथ। *(रोकड़े के हाथ से डिक्शनरी लेकर)* हाँ, बोल रे बेणारे, मैं शपथ लेती हूँ कि जो कुछ कहूँगी सच कहूँगी, झूठ नहीं कहूँगी। बोल।

[बेणारे निश्चल]

काशीकर : कमाल है।

मि. काशीकर : *(डिक्शनरी रोकड़े को वापस देकर)* चलो, समझ लो कि ले लिया शपथ। हाथ तो था ही डिक्शनरी पर। अब पूछो जो कुछ पूछना है सुखात्मे!

काशीकर : अभियुक्त मिस बेणारे! कोट आपको चेतावनी देता है कि इस तरह की हरकतें जिनसे कोर्ट की बेइज्जती होती हो, आइन्दा से नहीं होनी चाहिए। हाँ, सुखात्मे, गो!

कर्णिक : फायर!

सुखात्मे : *(बेणारे के कठघरे के सामने आकर एक-दो फेरे लगाकर एकाएक एक उँगली से उसे सम्बोधन करते हुए)* आपका नाम लीला दामले।

सामन्त : *(बीच में)* नहीं-नहीं बेणारे! दामले तो वह प्रोफेसर साहब हैं।

काशीकर : तुम जरा देर चुप ही रहो सामन्त! उसी को बोलने दो।

सुखात्मे : मिस लीला बेणारे!

[वह न देखना चाहती है, न बोलना चाहती है।]

सुखात्मे : जरा कोर्ट को अपनी उम्र बताइए।

[पोज लेकर खड़े होते हैं। जैसे उन्हें यह विश्वास है कि बेणारे उम्र नहीं बताएगी। बेणारे निश्चल ही हैं।]

काशीकर : अभियुक्त बेणारे! अभियुक्त होने के नाते, पूछे गए प्रश्नों का उत्तर देने की जिम्मेदारी आपकी है। *(कुछ रुककर)* अभियुक्त बेणारे! इन्तजार किस बात का है?

मि. काशीकर : मैं कहती हूँ कि उमर वही क्यों बताए? मुझे है न अन्दाज। समझो बत्तीस के ऊपर ही होगी। एकाध बरस ज्यादा हो सकता है, कम नहीं। चेहरा ही बता रहा है।

सुखात्मे : थैंक्यू, मिसेज काशीकर!

काशीकर : वेट! थैंक्यू कैसे? अभी अभियुक्त ने उम्र बताई नहीं है। मेरा पूरा ध्यान है। अभियुक्त बेणारे! उम्र?

मि. काशीकर : लेकिन अभी मैंने तो...।

काशीकर : अभियुक्त से पूछे गए प्रश्नों के किसी अन्य व्यक्ति द्वारा दिए गए उत्तर स्वीकार करने की परम्परा किसी भी कोर्ट में नहीं है। तुम बीच-बीच में मत बोलो जी! अभियुक्त! प्रश्न का उत्तर? आन्सर?

[बेणारे निश्चल]

सामन्त : बात असल में यह है कि औरतों से उनकी उमर पूछना ही आपने यहाँ कुछ...

काशीकर : उत्तर न देने की यह जिद क्यों है मगर? इज़ दिस अ कोर्ट ऑर व्हाट? *(मेज पर हाथ पटकते हैं।—इफेक्ट के लिए)*

पोंक्षे : सचमुच! यह तो सरासर कोर्ट की बेइज्जती है।

काशीकर : अभियुक्त ने अगर पूछे गए प्रश्नों के उत्तर नहीं दिए तो फिर कुछ उपाय करना होगा। दिस इज द क्वेश्चन ऑफ द प्रेस्टिज ऑफ द कोर्ट। अभियुक्त को दस सेकंड का समय दिया जाता है। *(घड़ी सामने रखते हुए)* नो मस्करी नाऊ।

सुखात्मे : *(दसवें सेकंड पर नाटकीय शैली में)* मी लॉर्ड! अभियुक्त की खामोशी से हमें अपने प्रश्न का जवाब मिल गया है इसलिए इस प्रश्न को अब हम वापस लेते हैं वी टेक बैक द क्वेश्चन।

काशीकर : ऑल राइट। चालाकी नहीं, कहिए तो लिखकर दे दूँ। मेरा तो यह कहना है कि अब फिर से बाल-विवाह प्रथा को समाज में स्थान मिलना चाहिए। पंख निकलने से पहले ही लड़की को ससुराल रवाना कर दो। फिर देखो, सारी बदचलनी बिल्कुल बन्द हो जाएगी। मैं तो कहूँगा कि ईश्वरचन्द्र विद्यासागर, आगरकर और धोडों केशव ने हमारे समाज का बहुत अहित किया है। सुखात्मे, माई फ्रैंक ओपीनियन।

सुखात्मे : *(वकीलाना अन्दाज में)* यस, मी लॉर्ड! *(रोकड़े कॉपी में उसी बीच जल्दी-जल्दी काशीकर का वक्तव्य लिखने लगता है। बेणारे कठघरे में स्तब्ध और निश्चल।)* बेणारे के पीछे से जाकर एकाएक पुकारकर मिस बेणारे!

(बेणारे चौंककर पीछे हटती है और दुबारा निश्चल हो जाती है।) अब तक, इतनी उम्र तक आपने विवाह क्यों नहीं किया, इसे क्या आप कोर्ट के सामने स्पष्ट करेंगी? *(रुककर उत्तर की प्रतीक्षा करने के बाद)* अपने इस प्रश्न को मैं दूसरी तरह से आपके सामने रखता हूँ। आपके जीवन में विवाह के अवसर को लेकर कितनी शामें अब तक आईं और क्यों गुजर गईं? इसे कोर्ट के सामने स्पष्ट कीजिए।

काशीकर : आन्सर? *(घड़ी उतारकर सामने रखते हैं। वह पूर्ववत् स्तब्ध और निश्चल।)* दिस इज टू मच बाबा!

मि. काशीकर : मुझे तो ऐसा लग रहा है कि यह सीधे पूछने से कुछ कबूलेगी नहीं।

[वह निश्चल]

सुखात्मे : मी लॉर्ड! अभियुक्त से की जाने वाली जिरह फिलहाल खत्म हो रही है। आगे मौका पड़ने पर दुबारा की जा सकती है।

[बेणारे कठघरे से निकलकर सीधे दरवाजे की तरफ बढ़ने लगती है। दरवाजे बन्द ही हैं। सामने अचानक पोंक्षे पड़ जाता है। उसे देखते ही दूसरी तरफ से काटकर निकलना चाहती है, तभी मिसेज काशीकर उसे पकड़कर अभियुक्त के कठघरे में खड़ा कर देती है।]

काशीकर : नेक्स्ट बिटनेस

सुखात्मे : मिसेज काशीकर!

[मिसेज काशीकर अपना नाम सुनते ही तुरन्त बड़े उत्साह से आँचल-वाँचल सँभालती हुई गवाह के कठघरे में आकर खड़ी हो जाती है।]

काशीकर : *(सुखात्मे से)* देखिए, इसे कहते हैं उत्साह। सिर्फ कहने भर की देर थी कि हाजिर!

मि. काशीकर : उँह! तो उसमें इतना 'ये' करने की भी जरूरत नहीं है। *(गवाह की तरह)* शपथ तो हमने लिया ही है। बेणारे ने और हमने। एक साथ ही समझो दोनों की हो गई। और मैं सब सच ही सच कहूँगी, मुझे किसके बाप का डर पड़ा है।

सुखात्मे : ठीक है। मिसेज काशीकर! आप क्या इस बात की कोई जानकारी दे सकती हैं कि मिस बेणारे इतनी उम्र होने तक गैर-शादीशुदा क्यों और कैसे रह गईं?

मि. काशीकर : उसमें क्या है? अरे जो शादी करेगा ही नहीं, वह गैर-शादीशुदा तो रहेगा ही।

सुखात्मे : दैट्स इट! मगर मिसेज काशीकर, जिन्दगी के बत्तीस बरस तक।

काशीकर : *(बीच में ही)* चौंतीस, चौंतीस ही रखो सुखात्मे—चौंतीस।

सुखात्मे : चौंतीस बरस तक भले घर की पढ़ी-लिखी किसी लड़की का...।

मि. काशीकर : लड़की? अरे, औरत कहो, औरत! यह लड़की है तो फिर मैं तो जवान ही हूँ अभी।

सुखात्मे : औरत ही, वही—मगर आप यह स्पष्ट करें कि विवाह न करने का कारण क्या हो सकता है?

मि. काशीकर : कारण-फारन कुछ नहीं। अरे, नहीं। जिसको करनी होती है उसकी डंके की चोट पर हो जाती है।

सुखात्मे : यानी आपका मतलब है कि मिस बेणारे शादी करना ही नहीं चाहती थी।

मि. काशीकर : और नहीं तो क्या! जब बिना शादी किए ही सब कुछ मिल जाए तो फिर जरूरत ही क्या! आजकल तो यही सब चाहती हैं। सुख अच्छा लगता है मगर जिम्मेदारी नहीं चाहिए। मीठा-मीठा और कड़वा-कड़वा थू। तुम्हें बताती हूँ, सुखात्मे! हमारे समय में एक से एक काली-कलूटी, नकटी-कुबड़ी लड़कियों की शादी हो जाती थी। यह जो पैसा कमाने की लत है न सुखात्मे! यही सब बुराई की जड़ है। सब भ्रष्टाचार इसी कमाऊपन की हविस के पीछे फैल रहा है। समाज में सारी गन्दगी इसी

से है। *(रोकड़े कॉपी जल्दी-जल्दी लिखने लगता है)* *(रोकड़े से)* बन्द कर यह लिखना-पढ़ना, बालू! *(सुखात्मे से)* हाँ जी, पूछो और!

सुखात्मे : आपने अभी-अभी कहा कि जब बिना शादी के ही सब कुछ मिल जाए तो फिर जरूरत क्या है।

मि. काशीकर : हाँ, और क्या, यह तो है ही।

सुखात्मे : तो आपका सब कुछ से क्या मतलब है? कृपा करके यह बताएँ, मिसेज काशीकर!

मि. काशीकर : इश्श! कैसी बात करते हो? *(संकोच से गड़ जाती है।)*

काशीकर : *(कान खोदते हुए)* अब इस उम्र में शरमाती क्यों हो! जवाब दो तुरन्त इनके प्रश्न का। उम्र बढ़ गई, मगर दिमाग वहीं का वहीं है।

मि. काशीकर : अच्छा, मेरी उमर की बात मत उठाओ। उसकी जरूरत नहीं है।

काशीकर : आन्सर!

मि. काशीकर : अरे, 'सब कुछ' माने वही सब जो शादी के बाद गृहस्थ में मिलता है।

सुखात्मे : अभियुक्त मिस बेणारे के लिए यह बात कहना आपको अनुचित नहीं लगता?

मि. काशीकर : कुछ नहीं लगता। सभी जगह तो यही हो रहा है।

सुखात्मे : औरों को छोड़िए। सिर्फ मिस बेणारे के बारे में आप बताइए कि क्या आप अपनी बात का कोई सबूत दे सकती हैं? सबूत अगर कोई दे सकती हैं तो दीजिए तुरन्त।

मि. काशीकर : और क्या सबूत चाहिए? उसका व्यवहार ही बता रहा है सब कुछ। बस, यही समझ लो कि अपने पहचान की है इसलिए कुछ कहा नहीं। नहीं तो इस तरह से मर्दों के बीच में कहती हूँ कितने ही पहचान के क्यों न हों वे लोग— मगर इस तरह से औरतों को नंगा नाच नहीं नाचना चाहिए। आखिर कोई इसकी हद भी है कि नहीं। बाप रे बाप! कितनी जोर-जोर से हँसेंगी, गाएँगी, नाचेंगी, ठिठोली करेंगी। न दिन का पता, न रात का! कुछ फरक ही समझ

में नहीं आता। किसी भी मर्द के साथ अकेली घूमती फिरती रहती हैं।

सुखात्मे : *(इन सबूतों से निराश होकर)* मिसेज काशीकर! इन बातों से तो ज्यादा से ज्यादा इन्सान के स्वभाव का खुलापन जाहिर होता है, बस।

मि. काशीकर : खुला-उलापन नहीं, बेहयाई कहो। सभी बात में बेहयाई। अब कहना नहीं चाहिए पर बात चली तो कह रही हूँ। जरा पकड़ो यह। *(बुनाई की ऊन सलाई सुखात्मे को पकड़ा देती है।)* जब रात में कार्यक्रम खत्म होने पर इसे घर जाना होता है तो इसे प्रोफेसर दामले ही क्यों याद आते हैं? बोलो!

सुखात्मे : *(सतर्क और उत्सुक होते हुए)* आई सी—रात में कार्यक्रम के बाद घर पहुँचाने के लिए मिस बेणारे को प्रोफेसर दामले की ही संगत की जरूरत होती है?

[पोंक्षे और कर्णिक एक-दूसरे को इशारा करते हैं]

मि. काशीकर : और नहीं तो क्या? एक दफे ये और हम—अभी सितम्बर की ही तो बात है—सितम्बर की ही है न जी।

काशीकर : गवाही में और गवाही की जरूरत नहीं है! तुम्हें जो कुछ कहना है, कहो।

मि. काशीकर : सितम्बर ही था। यह अकेले घर जा रही थीं तो हम लोगों ने कहा कि हम छोड़ देंगे तुझे घर तक। मगर यह तो न जाने किस समय उसी दामले के साथ उड़ गई। जब तलाश करने लगे तो देवी जी नदारद।

सुखात्मे : *(वकीलाना अन्दाज में)* पिक्यूलियर!

मि. काशीकर : अभी जरा देर पहले कैसा कोहराम मचाए हुए थी कि झूठ है, जाल है। अब नहीं बोल फूट रहे हैं। ऐसे ही समझ लो सच बात के कोई सींग-पूँछ थोड़े ही होते हैं। लाओ, दो। *(ऊन सलाई वापस ले लेती है।)*

सुखात्मे : *(ऊन वगैरह वापस करते हुए)* मिसेज काशीकर! प्रोफेसर दामले तो बाल-बच्चेदार गृहस्थ हैं?

मि. काशीकर : और क्या। पाँच बच्चे हैं उनके।

सुखात्मे : तो ऐसा भी तो हो सकता है कि मिस बेणारे एक बुजुर्ग आदमी की संगत की इच्छा से उनके साथ हो गई।

मि. काशीकर : और हम लोग क्या कोई लुच्चे-लफंगे हैं? और मान लो दामले बुजुर्ग हैं तो यह बालू क्या है?

[रोकड़े बुरी तरह चौंकता है।]

सुखात्मे : *(चौकन्ने होकर)* इसका क्या हुआ?

[बेणारे बेचैन]

मि. काशीकर : वही बताने जा रही हूँ। अरे, इसके साथ भी तो बेणारे ने कार्यक्रम के बाद अँधेरे में छेड़खानी की थी। यह बात तो इस बेचारे ने अपने मुँह से मुझे बताई थी। है न, बालू?

[कर्णिक को छोड़कर बाकी सबके मन में खलबली, सुखात्मे के चेहरे पर उतावलापन।]

रोकड़े : *(बहुत घबराहट से हकलाकर)* हाँ...न...नहीं।

सामन्त : नहीं जी। अभी-अभी हमारे साथ थी ये तब कहीं कुछ भी नहीं *(कर्णिक चुप करता है)*।

सुखात्मे : मिसेज काशीकर! आप जा सकती हैं। आपकी गवाही पूरी हो गई है। मी लॉर्ड! रोकड़े को फिर से गवाह के कठघरे में बुलाया जाए।

[रोकड़े अपनी जगह से हिलता भी नहीं।]

सुखात्मे : *(बेणारे के सामने जाकर साधारण स्वर में)* क्यों बेणारे बाई! कुछ रंग आया कि नहीं खेल में?

काशीकर : रोकड़े, चलो। गवाह के कठघरे में चलो।

[बेणारे से नजर बचाता हुआ ठिठकता-ठिठकता गवाह के कठघरे में जाकर खड़ा हो जाता है।]

काशीकर : *(रास्ते में ही)* बालू! जो सच बात है सबकी सब बात बता देना। डरना मत।

सुखात्मे : *(कठघरे के पास जाकर)* मिस्टर रोकड़े!...शपथ पहले ही हो गई है–मिस्टर रोकड़े, आपके और मिस बेणारे बाई के सम्बन्ध में एक बहुत उत्तेजक बात मिसेज काशीकर ने अपनी गवाही के बीच उठाई है।

[रोकड़े इन्कार में सिर हिलाता है।]

मि. काशीकर : बालू! तूने बताया था कि नहीं मुझसे?

सुखात्मे : मिस्टर रोकड़े! बगैर घबराए हुए, उस रात कार्यक्रम के बाद जो कुछ घटना घटी, अच्छी या बुरी, मजेदार या बेमजा, वह सब कोर्ट के सामने बताना आपका फर्ज है। हाँ कार्यक्रम खत्म हुआ, फिर...?

रोकड़े : *(साहस नहीं कर पाता)* मैं...मुझे...

सुखात्मे : कार्यक्रम खत्म होने के बाद हम सब लोग अपने-अपने घर जाने के लिए बाहर निकल आए...आगे।

कर्णिक : और भीतर रह गए ये दोनों।

मि. काशीकर : उसी समय इसने इसका हाथ पकड़ लिया था–इसी बालू का।

पोंक्षे : गॉश!

सुखात्मे : और...? और क्या हुआ, मिस्टर रोकड़े? और क्या किया? व्हाट नेक्स्ट?

मि. काशीकर : मैं बताती हूँ...

काशीकर : तुम मत बताओ–उसी को कहने दो। बेमतलब हर बात में तुम क्यों घुस जाती हो...?

सुखात्मे : यस, मिस्टर रोकड़े!...एकदम निडर होकर अपनी बात कहिए...बी नॉट अफ्रेड!

काशीकर : अफ्रेड? अरे, हम किसलिए यहाँ बैठे हैं? कोई कुछ करके तो देखे...।

[रोकड़े वातावरण को तोलता है, उसे भरोसा हो जाता है कि मिस बेणारे के विरुद्ध उसके पास पर्याप्त संरक्षण है और यह सोचकर वह कुछ ढीठ हो जाता है।]

रोकड़े : *(ढिठाई से ही)* मेरा...मेरा हाथ पकड़ लिया था इन्होंने।

सुखात्मे : यस?

रोकड़े : तभी...उसी समय मैंने कहा था कि यह ठीक नहीं है... मुझे...मुझे यह जरा भी पसन्द नहीं है...यह तुम्हारे ऊपर शोभा नहीं देता। यही...यही कह दिया था मैंने...।

सुखात्मे : आगे?

रोकड़े : मैंने अपना हाथ छुड़ा लिया। फिर यह फौरन ही दूर हट गई और मुझसे बोली कि इस घटना के बारे में किसी से कुछ कहना नहीं।

बेणारे : झूठ है यह!

काशीकर : *(हथौड़ा पटककर)* ऑर्डर! कार्रवाई के बीच बाधा डालने के लिए अभियुक्त को सख्त चेतावनी दी जाती है। रोकड़े, कन्टिन्यू।

रोकड़े : कहने लगी कि अगर किसी से कुछ कहा तो समझे रहना, मैं तुम्हारे खिलाफ कुछ कर बैठूँगी। हाँ? अन्ना। यही कहा था इन्होंने।

सुखात्मे : यह घटना कब की है, मिस्टर रोकड़े?

रोकड़े : आठ दिन पहले की। जब डोंबिबली में हम लोगों का कार्यक्रम था, तब की।

सुखात्मे : मी लॉर्ड! अभियुक्त ने रोकड़े जैसे एक कम उम्र छोकरे के साथ, जो उसके छोटे भाई की तरह है, एकान्त में छेड़खानी की। यही नहीं, किए गए कुकर्म पर परदा डालने के लिए उसने रोकड़े को डराया-धमकाया भी। इससे यह जाहिर होता है कि अभियुक्त अपना पापाचरण गुप्त रखना चाहती थी।

मि. काशीकर : मगर सच्ची बात छुप थोड़े ही सकती है।

सुखात्मे : अभियुक्त ने तुम्हारे खिलाफ कुछ करने की धमकी दी... हाँ, फिर रोकड़े? नेक्स्ट? फिर क्या हुआ?

रोकड़े : *(अनजाने अपने ही गाल पर हाथ ले जाकर)* मैंने...मैंने तब इनके एक थप्पड़ लगा दिया।

पोंक्षे : व्हाट?

कर्णिक : हाऊ मेलोड्रामेटिक।

रोकड़े : हाँ...मैं बोला...मैंने कहा कि तुमने मुझे समझ क्या रखा है? तुम्हारे मन में जो आए करो, मैं तो सबसे कह दूँगा यह बात! जरूर कह दूँगा। इसीलिए इनको भाभी को बता दिया था।

काशीकर : क्यों नहीं! उन्हीं से तो कहोगे ही तुम सब कुछ! मुझे बताने की क्या जरूरत है?

रोकड़े : *(डरकर)* गलती हुई, अन्ना! मैंने सोचा था कि...कि आपको तो मालूम हो ही जाएगा...भाभी आप से तो...बस इसीलिए मैंने आपको...

सुखात्मे : फिर क्या हुआ, रोकड़े? व्हाट नेक्स्ट?

सुखात्मे : यस, मिस्टर रोकड़े!

[जेब से मैं एक चिट निकालकर जोर-जोर से बुदबुदाकर लिखते हैं, आठ दिन पहले डोंबिबली में कार्यक्रम। रोकड़े झट से कठघरे से निकलकर दूर खड़ा हो जाता है। पसीना पोंछता है। चेहरे पर राहत।]

मि. काशीकर : यह बाद वाली बात तो तूने मुझे बताई ही नहीं थी, बालू,...थप्पड़ मारने वाली।

सामन्त : *(पोंक्षे)* छिः, मुझे तो बिल्कुल ही विश्वास नहीं होता।

[वातावरण में खासी चुलबुलाहट और बेचैनी]

पोंक्षे : *(बैठे-बैठे पाइप का जोर से कश लेते हुए)* सुखात्मे! मेरी विटनेस, मेरी गवाही लो। अब मुझे भी जरा आने दो कठघरे में। *(दीन-हीन, आहत-सी बैठी हुई बेणारे पर नज़र। स्वर में उतावलापन)* बुलाओ, बुलाओ।

काशीकर : सुखात्मे! कॉल पोंक्षे! लेट अस हियर हिम—कॉल! सुन ही लिया जाए अब सब कुछ। बुलाइए।

सुखात्मे : मिस्टर पोंक्षे को गवाही के लिए उपस्थित किया जाए।

रोकड़े : मिस्टर पोंक्षे गवाही के लिए चलिए।

[पोंक्षे कठघरे में जाकर खड़ा होता है।]

पोंक्षे : शपथ क्या फिर से लेनी होगी। *(ऑक्सफोर्ड इंग्लिश डिक्शनरी पर हाथ रखकर)* शपथ लेता हूँ कि...।

काशीकर : बस हो गया। सुखात्मे! अब पूछिए।

सुखात्मे : मिस्टर पोंक्षे! अभियुक्त मिस बेणारे के बारे में...।

पोंक्षे : *(बेणारे पर नजर)* बताने योग्य मेरे पास कुछ महत्वपूर्ण बातें हैं। *(बेणारे को जैसे काठ मार जाता है।)* उनसे सिर्फ इतनी बात पूछिए कि वह अपने पर्स में टिक ट्वेंटी क्यों रखती हैं?

[बेणारे चौंक पड़ती है।]

मि. काशीकर : अरे वाह! यह तो नई बात पता लगी?

पोंक्षे : यह खटमल मारने की जालिम विषैली दवा है, आप सब जानते होंगे।

सामन्त : *(कर्णिक से)* घर ले जा रही होगी।

सुखात्मे : टिक ट्वेंटी जैसी महा-विषैली दवा अभियुक्त मिस बेणारे के पर्स में आपको कब और कैसे दिखाई दी, इसे आप कोर्ट के सामने बताएँगे, मिस्टर पोंक्षे?

[बेणारे कुछ कहना चाहती है, कह नहीं पाती। सहमकर पत्थर-सी मूर्ति निश्चल और शिथिल हो जाती है।]

पोंक्षे : हाँ! इनकी एक छोटी छात्रा मेरे घर के बगल में रहती है। करीब दस दिन पहले एक दिन वह मेरे पास आई और बोली...'हमारी मिस ने आपको यह दिया है।'

सुखात्मे : टिक ट्वेंटी।

पोंक्षे : नहीं! वह लिफाफे में बन्द एक खत था। जब मैंने लिफाफा खोला तो उसमें एक और लिफाफा था। वह भी बन्द था। उसके अन्दर एक चिट थी। उसमें लिखा था, क्या मुझसे भेंट कर सकोगे? तुमसे कुछ जरूरी काम है। दोपहर सवा बजे स्कूल के पीछे वाली उड़पी होटल में आ जाओ, मैं भी आ जाऊँगी वहीं। जाहिर है कि बात कुछ जँची नहीं मुझे। मगर मैंने मन में सोचा कि मजा लेने में

क्या हर्ज है। इसलिए मैं वहाँ चला गया। पाँच मिनट बाद ही मिस बेणारे लोगों की नजर बचाती हुई फुर्ती से होटल के भीतर दाखिल हुई।

[बेणारे और भी बेचैन तथा भयभीत]

सुखात्मे : आई सी...।

काशीकर : फिर? उसके बाद क्या हुआ, पोंक्षे?

पोंक्षे : आते ही मुझसे बोली, यहाँ नहीं, अन्दर चलो फैमिली रूम में। यहाँ देखेंगे लोग।

मि. काशीकर : वाह!

पोंक्षे : हम लोग अन्दर जाकर बैठे। चाय आई। मिस बेणारे का काम जो मुझसे होना था हो जाने के बाद, रूमाल निकालने के लिए उन्होंने पर्स खोला। और पर्स खोलते ही एक शीशी निकलकर बाहर गिर गई।

[एक पल बिल्कुल सन्नाटा]

सुखात्मे : और वह शीशी ही 'टिक ट्वेंटी' थी। गुड! मगर मिस्टर पोंक्षे! आपके और मिस बेणारे के बीच इससे पहले क्या बातचीत हुई? यानी कि वह काम क्या था जिसके लिए इन्होंने आपको बुलाया था?

[बेणारे शब्द के अभाव में अस्वीकृति सूचक सिर हिलाती है।]

पोंक्षे : इन्होंने मुझसे विवाह करने की इच्छा जाहिर की।

कर्णिक, काशीकर : क्या?

[रोकड़े तथा अन्य अचरज से हक्का-बक्का]

काशीकर : यह तो बड़ा इंटरेस्टिंग हो चला है, सुखात्मे।...

सुखात्मे : ट्रू, मी लॉर्ड! इट इज एंड इट विल बी। *(बेणारे पर एक बुभुक्षित नजर डालकर)* क्या इन्होंने आप पर अपना प्रेम-वेम होने की बात बताई?

पोंक्षे : नहीं! मगर इन्होंने मुझसे यह कहा कि यह गर्भवती हैं।

[हर तरफ खलबली। बेणारे के चेहरे पर जैसे स्याही पुत गई हो। गर्दन झुकाए पत्थर के बुत-सी बैठी हुई।]

कर्णिक : अरे, सच कहते हो, पोंक्षे?

पोंक्षे : और नहीं तो क्या झूठ कहता हूँ?

काशीकर : कन्टिन्यू पोंक्षे–कन्टिन्यू–रुकिए नहीं।

सुखात्मे : मिस्टर पोंक्षे...।

पोंक्षे : मिस बेणारे जिस व्यक्ति से गर्भवती हुई थी–जैसा कि उन्होंने मुझे बताया था–उस व्यक्ति का नाम किसी से भी कहने को उन्होंने मुझे मना किया था और मुझसे शपथ ले ली थी कि जिसका पालन आज तक मैंने किया।

मि. काशीकर : लेकिन वह आदमी है कौन?

काशीकर : जरा देर तुम चुप रहो, जी! सब्र करो। द कैट विल बी आउट ऑफ द बैग। उतावली होने की कोई जरूरत नहीं है। लेकिन पोंक्षे! मेरी समझ में एक बात नहीं आई। उन्होंने अपने गर्भवती होने की बात बताकर शादी तुमसे, यानी कि एक तीसरे आदमी से करने की इच्छा प्रकट की?

पोंक्षे : एक्जैक्टली।

सुखात्मे : तो इस पर आपने क्या जवाब दिया, मिस्टर पोंक्षे? मानवतावादी उदार दृष्टिकोण अपनाकर क्या आप 'सवत्सधेनु' को ब्याहने को तैयार हो गए?

पोंक्षे : जवाब जाहिर है।

सुखात्मे : टिक ट्वेंटी की शीशी मिस बेणारे के पर्स से लुढ़ककर बाहर आ गई। उसके बाद क्या हुआ, मिस्टर पोंक्षे?

पोंक्षे : ऑफकोर्स, उसे उठाकर मैंने उन्हें पकड़ा दिया। उनके साथ एक पूरे सम्भाषण का ब्यौरा दूँ? आप चाहें तो दे सकता हूँ।

बेणारे : *(तड़पकर खड़ी होती हुई)* नहीं-नहीं। नहीं...।

काशीकर : *(हथौड़ा पटककर)* साइलेंस! मिस्टर पोंक्षे! सम्भाषण का

ब्यौरा दीजिए। *(सुखात्मे से)* अब नाम आता है बाहर...।

बेणारे : नहीं।...तुम्हें कसम है, पोंक्षे...।

सुखात्मे : मिस्टर पोंक्षे! मिस्टर बेणारे को जिस बात से इतनी बेचैनी और घबराहट है वह आखिर है क्या? ऐसी कौन सी बात है जो आपमें और बेणारे में हुई?

काशीकर : कह डालिए आप, पोंक्षे...खामोश मत रहिए...बता डालिए झटपट। उस सम्भाषण का बड़ा सामाजिक महत्व होगा।

पोंक्षे : मगर यह बात उन्हें रुचेगी नहीं...।

काशीकर : *(हथौड़ा पटककर)* जज यहाँ पर कौन है, पोंक्षे? मैं कहता हूँ यह अभियुक्त की रुचि-अरुचि का सवाल कोर्ट में कब से उठने लगा? फ्रॉम व्हेन? आई से, कन्टिन्यू...।

बेणारे : *(पोंक्षे के सामने आकर खड़ी होकर)* पोंक्षे...।

काशीकर : ऑर्डर! ऑर्डर! अभियुक्त कठघरे में। रोकड़े, अभियुक्त को कठघरे में ले जाओ।

[रोकड़े जरा सा आगे बढ़कर फिर ठिठक जाता है।]

बेणारे : जरा कहकर तो देखो तुम, पोंक्षे।

काशीकर : अभियुक्त कठघरे में चलो–रोकड़े! कठघरा।

मि. काशीकर : *(आगे बढ़कर बेणारे का हाथ पकड़े हुए)* पहले उधर चलकर खड़ी रह। चल। रोकड़े पकड़ हाथ...*(रोकड़े सिर्फ पीछे-पीछे चलता है।)* चल रे! चल! *(उसे खींचती हुई ले जाकर कठघरे के भीतर खड़ी कर देती है। रोकड़े और मिसेज काशीकर पहरे पर।)*

काशीकर : नियम नियम है। हाँ, बोलिए! आप पोंक्षे, क्या-क्या बातें हुईं? मेरी कनखोदनी...*(तलाश कर)* हाँ, कहिए!

सुखात्मे : मि. पोंक्षे! सम्भाषण का ब्यौरा दीजिए।

पोंक्षे : पहले तो वह इधर-उधर की तमाम बातें करती रही–मसलन कि सुखात्मे वैसे तो आदमी अच्छे हैं, मगर तकदीर खोटी है बेचारे की। वकालत बिल्कुल नहीं चली–बार रूम में बैठे पेशेन्स खेलते रहते हैं। जिस बदनसीब बेचारे का केस इनके हाथ पड़ा उसकी तकदीर

में जेलखाना पक्का समझो। यह बात तो इनके बारे में जग-जाहिर है। मगर जज के सामने इनकी सिट्टी-पिट्टी बिल्कुल गुम रहती है।

सुखात्मे : *(क्रोध और अपमान को निगलकर)* आई सी...यस, आगे चलिए।

पोंक्षे : फिर कहने लगी कि काशीकर रोकड़े को बहुत सताते हैं। क्योंकि उन्हें शक है कि उनकी बीवी से उसका कुछ सम्बन्ध है। उनके कोई बच्चा नहीं है न, इसीलिए...।

मि. काशीकर : यह कह रही थी यह?

[तिलमिलाती है। बेणारे को ऐसे देखती है जैसे खा जाएगी।]

काशीकर : *(जोर-जोर से कान खोदते हुए)* बोलिए, आगे बोलिए, पोंक्षे...।

पोंक्षे : इस तरह की कुछ बातें करने के बाद फिर वह असली बात पर आई...।

कर्णिक : वेट! मेरे बारे में क्या कह रही थी, पोंक्षे?

पोंक्षे : कुछ नहीं।

कर्णिक : जरूर कह रही होगी कि मैं एक टुकाची एक्टर हूँ, वगैरह। मुझे मालूम है अपने बारे में उनकी राय। खूब जानता हूँ इन्हें।

पोंक्षे : इन्होंने बातों-बातों में मुझसे पूछा कि तुम्हारी कहीं बातचीत लग रही है कि नहीं? तो मैंने कहा कि जब तक मेरे मन की नहीं मिलेगी मैं शादी करने में इंटरेस्टेड नहीं हूँ। इस पर इन्होंने पूछा–'मन की मानी कैसी? तुम चाहते क्या हो?' तो मैंने कहा–'साधारण रूप से लड़कियाँ मूर्ख और बौखल होती हैं। ऐसा मेरा अपना ख्याल है। आई वांट अ मेच्योर पार्टनर।' इस बात पर तुरन्त ही उन्होंने पूछा, 'मेच्योरिटी यानी बुद्धि की परिपक्वता अनुभव से आती है, इसे तुम नहीं मानते?' मैंने कहा, 'पता नहीं।' तो वह बोली, 'और अनुभव उम्र के साथ आते हैं। जरा अलग तरह का जीवन जीने से आते हैं। और इस तरह

के अनुभव बहुत सुख देने वाले नहीं होते। पाने वाला तकलीफें उठाता है और दूसरा व्यक्ति सहजता से उसे स्वीकार नहीं कर पाता। क्या तुम उसे अपनाने को तैयार हो जाओगे? यानी कि यों समझो कि अगर वह सचमुच ही मेच्योर हो। उम्र में भी और शिक्षा में भी, तो भी? मैं बोला, 'मैंने इस पर अभी सीरियसली विचार नहीं किया है।' तो वह बोली, 'क्या तुम्हारी नजर में ऐसी कोई लड़की है।' यह बोली, 'हाँ, है और बिल्कुल वैसी ही है जैसी तुम चाहते हो। सिर्फ उनका अनोखापन तुमहारी समझ में आना चाहिए।' मैं समझ नहीं पा रहा था कि आखिर इन्हें एकाएक मेरे विवाह की इतनी चिन्ता क्यों हो गई। मैंने यों ही पूछा, 'अनोखापन यानी क्या?' तो वह बोली कि उस लड़की को प्रेम में भयंकर धोखा, और निराशा हुई है...और हाँ...जरा रुको शायद ठीक ही याद है...उस प्रेम का फल...यहाँ पर यह जरा हिचकिचाई, फिर बोली, 'उसके पेट में है। सच कहा जाए तो इसका कोई दोष नहीं है, मगर उसकी परिस्थिति बहुत ही दयनीय है और उसे अपने बच्चे का पालन-पोषण करना है। असल में उस बच्चे के लिए ही वह अब जीवित रहने और विवाह करने का विचार कर रही है।' इनकी बातों को सुनकर मुझे सन्देह हुआ। इसलिए सत्य बात निकालने के ख्याल से मैंने कहा, 'अरे-अरे, बिचारी के साथ तो बड़ा अन्याय हुआ। कौन था वह अधम आदमी?'

सुखात्मे : इस पर वह बोली कि वह व्यक्ति प्रोफेसर दामले हैं।

पोंक्षे : नहीं। वह पहले बोली कि कृपा करके उन्हें अधम वगैरह मत कहो–हो सकता है कि वह बहुत अच्छे हों, बहुत बुद्धिमान, महान...वह लड़की ही उनके सामने तुच्छ और मूर्ख साबित हुई हो। वह अपने मन में उस व्यक्ति के बारे में क्या भावना रखती है उसे वह जाहिर न कर पाई हो–महत्व उस लड़की का नहीं है, महत्व तो उस बच्चे का है।

सुखात्मे : और?

पोंक्षे : और फिर बोली कि उस लड़की ने उस आदमी की बुद्धि पर श्रद्धा की थी, मगर उसे सिर्फ लड़की का शरीर ही नजर आया। यह इसी तरह की बातें काफी देर तक कहती रही मसलन की बेचारी के लिए दामले के परिवार में स्थान पाना भी सम्भव नहीं...उनका...।

सामन्त, कर्णिक, सुखात्मे : दामले के?

काशीकर : *(मेज पर हाथ पटककर)* द कैट इज आउट ऑफ द बैग।

पोंक्षे : अरे गलती हुई? मैंने तो नाम न बताने की शपथ ली थी।

सुखात्मे : डजंट मैटर मिस्टर, पोंक्षे! डजंट मैटर एट ऑल। असावधानी में टूट जाने वाली शपथ का पाप नहीं लगता। और कोर्ट में तो बिल्कुल ही नहीं। तो इसके माने पेट में जो बच्चा था वह प्रोफेसर दामले का था? आगे चलिए...।

पोंक्षे : और फिर इन्होंने मेरे पाँव पकड़ लिये।

काशीकर : आई सी...आई सी...।

पोंक्षे : हाँ, इन्होंने मेरे पाँव पकड़ लिये तो मैं बोला, यह आपके ऊपर शोभा नहीं देता, मिस बेणारे! आपने मुझसे यह पूछा यही मेरे लिए अपमान की बात है। मैं क्या आपको इतना छिछला व्यक्ति लगता हूँ? मेरे यह कहते ही यह एक बार मेरे चेहरे की तरफ देखकर जोर-जोर से हँसती हुई उठकर खड़ी हो गई और बोली, 'तुमने क्या सोचा? क्या मैं यह सब सच कह रही थी? यह तो मैंने तुम्हें बेवकूफ बनाया है, बस!' और फिर हँसती रही।

मि. काशीकर : आँय!

पोंक्षे : मगर इनकी आँखों में आँसू थे जिससे असलियत जाहिर थी। इसके बाद वह तुरन्त ही यहाँ से यह कहते हुए, कि देर हो रही है, खिसक गई।

सुखात्मे : थैंक्यू फॉर द वैलुएबल प्रूफ यू हैव गिवेन, मिस्टर पोंक्षे। *(पोंक्षे कठघरे से बाहर चला जाता है। सुखात्मे एक चिट निकालकर जोर-जोर से बोलते हुए नोट करते हैं। दस दिन*

पूर्व, रोकड़े का हाथ पकड़ने वाली घटना के दो दिन पहले।)

: दैट्स फाइन! मी लॉर्ड! अब इस गवाही में किसी टीका-टिप्पणी की जरूरत ही नहीं है। सबूत इतना साफ और मुखर है कि उसमें सन्देह की कोई गुंजाइश ही नहीं। अभियुक्त ने पहले मिस्टर पोंक्षे को फँसाया और जब उसकी दाल वहाँ नहीं गल पाई तो उसने रोकड़े पर अपना जाल डालने की कोशिश की। अब इसके बाद अभियुक्त की गवाही, मी लॉर्ड!

[बेणारे की तरफ इशारा। वह अर्धमृत-सी लग रही है।]

कर्णिक : *(नाटकीयता से हाथ उठाकर)* वेट! वेट! इस मुकदमे में मुझे भी कुछ महत्वपूर्ण जानकारी देनी है।

सुखात्मे : मिस्टर कर्णिक! इन द बॉक्स।

[वह आकर कठघरे में अभिनय की ही मुद्रा में खड़ा होता है। मिस्टर काशीकर जोर-जोर से कान खोद रहे हैं।]

सुखात्मे : स्पीक! मिस्टर कर्णिक, आप कोर्ट को क्या जानकारी देना चाहते हैं?

कर्णिक : *(नाटकीयता से)* अभियुक्त मिस बेणारे और रोकड़े के सम्बन्ध में जो तथ्य मिस्टर रोकड़े ने कोर्ट के सामने रखे वह सरासर झूठे हैं।

रोकड़े : *(बीच में ही चिढ़ी हुई आवाज में)* आपसे क्या मतलब?

कर्णिक : *(नाटकीयता से)* इसलिए कि इस प्रसंग में जो कुछ कहा गया और जो कुछ घटित हुआ, दुर्भाग्य से उसका मैं साक्षी था।

काशीकर : *(कनखोदनी साफ करते हुए)* क्या बात है, झटपट उसे कह डालिए, मिस्टर कर्णिक! बेमतलब उसे गुत्थी की तरह उलझाइए नहीं।

कर्णिक : *(उसी नाटकीयता से)* गुत्थी की तरह तो आज सारी

जिन्दगी ही उलझी हुई है। पाश्चात्य नाटककार आइनेस्को...।

काशीकर : *(हथौड़ा पटककर)* टु द प्वाइंट! विषयान्तर मत कीजिए। विषय को साथ लेकर चलिए।

कर्णिक : गुत्थी की बात आपने उठाई इसलिए कहना पड़ा।

सुखात्मे : अभियुक्त बेणारे और रोकड़े के विषय में जो कुछ कोर्ट के सामने बताया गया उसमें आप क्या सुधार करने जा रहे हैं। मिस्टर कर्णिक!

कर्णिक : सत्य का स्मरण करके यह बताना मेरा कर्तव्य है कि अभियुक्त के मुख-कमल पर रोकड़े ने थप्पड़ नहीं मारा था।

रोकड़े : *(डरी हुई आवाज में)* झूठ कहते हैं...।

कर्णिक : जो कुछ हुआ वह इस प्रकार था। पहले अभियुक्त ने रोकड़े को घेरकर रोका, यह देखकर मैं यह जानने को उत्सुक हो उठा कि देखूँ आगे क्या सिचुएशन आती है और चुपचाप मैं अँधेरे में एक तरफ छुपा रहा। अभियुक्त ने रोकड़े से पूछा, 'तो फिर क्या फैसला किया तुमने?' रोकड़े के शब्द कान में पड़े, 'भाभी के हुक्म के बिना मैं कुछ भी नहीं कर सकता। मुझे मजबूर न कीजिए।' अभियुक्त ने पूछा, 'भाभी की गुलामी में अभी और कितनी जिन्दगी बिताओगे?' इस पर रोकड़े ने कहा, 'इसका कोई अन्त नहीं है, हर आदमी की अपनी-अपनी तकदीर होती है। मैं शादी की बात सोच भी नहीं सकता।' इस पर अभियुक्त ने कहा, 'फिर से सोच लो, मैं तुम्हारा सारा भार उठा लूँगी। तुम्हें कोई भी कमी नहीं होने दूँगी। भाभी और अन्ना से डरने की कोई बात ही नहीं रह जाएगी। फिर तुम आत्मनिर्भर होगे।' इस पर रोकड़े बोला, 'मुझे डर लगता है और आपकी ऐसी दशा में अगर मैं आपसे शादी करूँगा तो दुनिया मेरे मुँह पर थूकेगी। हमारे खानदान में किसी ने भी ऐसा काम नहीं किया है। आप मेरे पीछे मत पड़िए, नहीं तो भाभी से कह दूँगा।' इस पर अभियुक्त ने तिलमिलाकर...।

रोकड़े : झूठ है यह!

कर्णिक : रोकड़े के मुँह पर थप्पड़ मारा।

[अनजाने में ही रोकड़े का हाथ गाल पर]

रोकड़े : झूठ है यह...साफ झूठ...।

[मिसेज काशीकर क्रोध से उसकी तरफ देखती है।]

सुखात्मे : थैंक्यू, मिस्टर कर्णिक! तो यानी कि अभियुक्त ने गवाह रोकड़े को फँसाकर उससे विवाह करने की जो कोशिश की थी, यह सच ही है। सिर्फ थप्पड़ किसने किसको मारा इस पर आपकी राय भिन्न है।

कर्णिक : यह राय नहीं, प्रत्यक्ष प्रमाण है।

सुखात्मे : दैट्स सो! मिस्टर कर्णिक...।

[कठघरे से बाहर का रास्ता दिखाते हैं]

कर्णिक : मुझे कुछ और भी कहना है।

काशीकर : बेमतलब की बात को रहस्यपूर्ण न बनाना हो तो कहिए। बातों की लपसी मत बनाइए।

कर्णिक : मी लॉर्ड!

काशीकर : *(हथौड़ा पटककर)* ऑर्डर! आपने क्या अपने आपको वकील समझ रखा है? गवाह की तरह सीधे न्यायमूर्ति महाराज कहिए।

कर्णिक : न्यायमूर्ति महाराज!

काशीकर : हाँ, यही नियम है। आगे बोलिए अब। मगर नहीं। सब कुछ सीधा और साफ हो।

रोकड़े : *(धीमे स्वर में, दयनीय सा मिसेज काशीकर से)* भाभी...।

मि. काशीकर : अब बोल मत मुझसे!

रोकड़े : मगर भाभी...।

[वह मुँह दूसरी तरफ घुमा लेती है। रोकड़े और भी दयनीय।]

कर्णिक : न्यायमूर्ति महाराज! अभियुक्त का एक मौसेरा भाई है जिसे मैं जानता हूँ। यानी कि परिचय बिल्कुल संयोग से ही हो गया हमारा। यहीं दादर जिमखाने के एक क्रिकेट मैच में। यानी कि बैचलर्स एलेविन के उस मैच में हम दोनों का एक संयुक्त फ्रेंड उस दिन खेल रहा था और वह फ्रेंड जो मेरे फ्रेंड का फ्रेंड है, अभियुक्त का मौसेरा भाई है, यह सूचना मेरे फ्रेंड ने मुझे दी थी। मेरा फ्रेंड अभियुक्त को जानता है और वह भी उसे जानता है। यानी कि अभियुक्त के बारे में उसे खूब जानकारी है।

काशीकर : आई सी। तो इसे आप किस्से की तरह क्यों बाँध रहे हैं? कोर्ट के नियमों की इज्जत कीजिए।

कर्णिक : *(इज्जत करने का पोज लेकर)* येस! तो अभियुक्त की चर्चा करते हुए उसके मौसेरे भाई में और मुझमें यों ही जब बातचीत चल पड़ी तो उसने कुछ इन्फॉरमेशन यानी कि जानकारी मुझे दी।

सुखात्मे : जैसे?

कर्णिक : जैसे कि एक बार अभियुक्त ने आत्महत्या करने की कोशिश की।

सुखात्मे : *(सतर्क होते हुए)* दैट्स द प्वाइंट। तो टिक ट्वेंटी की शीशी की भी परम्परा है।

कर्णिक : यह मैं कैसे कहूँ! मगर यह इन्फॉरमेशन मुझे जरूर मिली है कि आत्महत्या की यह कोशिश प्रेम से होने वाली निराशा के फलस्वरूप की गई थी। और निराशा में समाप्त हो जाने वाला अभियुक्त का वह प्रेम अपने मामा से पन्द्रह साल की उम्र में हुआ था।

मि. काशीकर : *(आश्चर्य से)* मामा!

सुखात्मे : मी लॉर्ड! मामा से अर्थात् माँ के भाई से अनैतिक सम्बन्ध।

काशीकर : वाह! व्यभिचार की चरम सीमा। वाह, सुखात्मे!

सुखात्मे : मी लॉर्ड! वाह क्यों? अभियुक्त का आचरण तो पाप कर्मों से भरा हुआ है ही। उसका भूतकाल और वर्तमान दोनों ही पाप से लिप्त हैं और इस गवाही में यह बात सूर्य की

रोशनी की तरह साफ हो चुकी है।

[बेणारे झट से उठकर दरवाजे की तरफ बढ़ती है। मिसेज काशीकर उसे तुरन्त लपककर पकड़ती है। और कठघरे में दुबारा लाकर खड़ी कर देती है।]

मि. काशीकर : चली किधर? दरवाजा बन्द है, बैठ यहीं!

कर्णिक : मेरी गवाही खत्म हुई।

[काशीकर से नाटकीय ढंग से अभिवादन करके कठघरे से बाहर आता है और अपनी कुर्सी पर जाकर बैठ जाता है।]

काशीकर : *(एकाएक जैसे कुछ याद आ गया हो। मेज पर जोर से हाथ पटकते हुए)* कोई शक ही नहीं, सुखात्मे! अब कोई भी शक नहीं रह गया।

सुखात्मे : क्या बात हुई, मी लॉर्ड!

काशीकर : बता रहा हूँ, सुखात्मे! अब कोर्ट की परम्परा को तोड़कर एक बहुत महत्वपूर्ण जानकारी मैं देने जा रहा हूँ।

सुखात्मे : मी लॉर्ड!

काशीकर : इस मुकदमे का बहुत जबरदस्त सामाजिक महत्व है सुखात्मे! कोई खेल-तमाशा नहीं। कोर्ट की परम्परा को तोड़कर अब मुझे गवाही देनी ही होगी। सुखात्मे, इजाजत माँगो। आस्क मी, आस्क!

सुखात्मे : मी लॉर्ड! मुकदमे के महत्व को देखते हुए रूढ़िवादी परम्परा को तोड़कर स्वयं न्याय देवता को गवाह के कठघरे में आने की इजाजत दी जाए।

काशीकर : परमिशन ग्रान्टेड। *(कठघरे में आकर खड़े होते हैं।)* क्रॉस मी। कमॉन...*(बोलने के लिए उतावले हो रहे हैं। नजर मिस बेणारे पर)* कोई शक ही नहीं।

सुखात्मे : *(वकीलाना अदा से)* मिस्टर काशीकर, आपका व्यवसाय?

काशीकर : सोशल वर्कर उर्फ सामाजिक कार्यकर्ता।

सुखात्मे : अभियुक्त को आप पहचानते हैं?

काशीकर : खूब अच्छी तरह। यह समाज की जड़ को खोखला करने वाली अनैतिकता रूपी दीमक है। मैं डंके की चोट पर यह बात कह सकता हूँ। यह अविवाहित प्रौढ़ कुमारी कन्या...।

सुखात्मे : *(विशेष वकीलाना पोज में)* बगैर पूछे अपनी राय न दीजिए मिस्टर काशीकर!

काशीकर : मेरी राय मेरी है, उसे देने के लिए मैं किसी के पूछने का इन्तजार नहीं कर सकता।

पोंक्षे : ब्रेव्हो।

सुखात्मे : मत दीजिए मिस्टर काशीकर! आपको अभियुक्त के बारे में क्या महत्वपूर्ण गवाही देनी है? कृपया दें।

काशीकर : वही तो देने जा रहा हूँ।

सुखात्मे : शुरू कीजिए।

काशीकर : *(बेणारे की तरफ नजर)* मुम्बई के जाने-माने नेता श्री नाना साहब शिन्दे के घर मेरा काफी आना-जाना है। अर्थात् आप सामाजिक कार्य की रुचि हमारे उनके बीच की कड़ी है। बाकी उनका बड़प्पन अलग, मेरा अलग, वह प्रश्न यहाँ नहीं है। एक बार इसी बीच उनके घर–करीब रात के नौ बजे होंगे–किसी कार्यवश पहुँचा। मैं अभी बैठा ही था कि एक बातचीत ने मेरा ध्यान खींचा। *(बेणारे चौंकती है।)* उस बातचीत में एक आवाज तो मेरे शिन्दे साहब की थी ही, दूसरी भी कुछ पहचानी हुई सी मुझे लगी।

मि. काशीकर : किसकी थी दूसरी वाली?

काशीकर : सुखात्मे दो, चेतावनी दो! गवाही के बीच अड़ंगा लगाने की जरूरत नहीं है। दूसरी आवाज किसकी है इसे मैं स्पष्ट रूप से जानने को कोशिश कर ही रहा था कि नाना साहब शिन्दे बाहर निकल आए और मैं उसी विचारधारा के बीच तपाक से उनसे पूछ बैठा कि कौन था? तो वह बोले कि वह हाईस्कूल के शिक्षा मंडल की एक मास्टरनी है। रोज चक्कर काट रही हैं चाहती हैं कि उसके बारे में हो रही जाँच-पड़ताल बन्द कर दी जाए। मास्टरनी अभी जवान है, इसलिए एकदम न भी नहीं कर पाया। सोचकर जवाब देने

के लिए दुबारा बुला लिया है। वह स्त्री कौन है यह जानने के लिए मैं बहुत उत्सुक हो उठा, मगर उन्होंने बताया नहीं। लेकिन अब मैं यह दावे के साथ कह सकता हूँ कि वह स्त्री और कोई नहीं, यही बेणारे बाई थी। हूबहू यही आवाज। कोई शक नहीं।

मि. काशीकर : हाय राम!

काशीकर : दावे के साथ मैंने क्या कहा यह आप पूछ सकते हैं, सुखात्मे! बात यह हुई कि आज ही सुबह जब नाना साहब के जन्मदिन पर उनके घर पहुँचा तो वह क्रोध में किसी से जोर-जोर से कह रहे थे, 'विवाह से पहले गर्भ-धारण बिल्कुल साफ अनाचार है। ऐसी औरत को तो फौरन नौकरी से अलग कर देना चाहिए।' यह बात अपने कान से मैंने सुनी। उन्होंने यह भी कहा कि दस्तखत के लिए आज ही कागज भेजिए। *(बेणारे को शॉक)* ऐसी स्त्री को पढ़ाने की इजाजत देना ही अनाचार को बढ़ावा देना है। अब बोलिए, इन बातों से किस स्त्री की तस्वीर आँखों के सामने आती है? मैं तो कहता हूँ कि बस यह बेणारे बाई ही है।

सामन्त : अरे रे रे! तो क्या नौकरी छूट जाएगी उनकी?

सुखात्मे : नो इलाज मिस्टर सामन्त! हिट फॉर टैट। जैसी करनी वैसी भरनी, यह तो जिन्दगी का नियम है। *(रोकड़े कॉपी खोलकर लिखने लगता है।)* मगर मिस्टर काशीकर! वह स्त्री यह बेणारे बाई ही थी इस बात को आपने दावे के साथ किस आधार पर कहा?

काशीकर : अरे, इतनी साधारण सी बात भी समझ में नहीं आएगी मेरे। समाज का चालीस वर्ष का मेरा अनुभव है, मिस्टर सुखात्मे आप हैं किस जहान में? उड़ती चिड़िया के पंख पहचानता हूँ मैं। मुझे अपने दावे की सच्चाई में कोई दुविधा नहीं है। निश्चय ही वह स्त्री बेणारे बाई ही थी। आप खुद ही जान लेंगे जब वह ऑर्डर कल उनके पास पहुँच जाएगा। नौकरी से निकाले जाने का ऑर्डर! बस कोर्ट के रिकॉर्ड के लिए मुझे सिर्फ इतना ही कहना था।

(कठघरे से निकलकर सीधे न्यायासन पर बैठते हुए) प्रॉसिक्यूशन कन्टिन्यू।

[बेणारे के हाथ में छोटी-सी शीशी है जिसे वह मुँह से लगाती है। कर्णिक झटके से उसे उछाल देता है। शीशी लुढ़ककर पोंक्षे के पास गिरती है।]

पोंक्षे : *(शीशी उठाकर देखता हुआ न्यायमूर्ति की मेज पर रखते हुए।)* टिक ट्वेंटी।

[सामन्त अत्यन्त सहमा हुआ है। काशीकर शीशी को हाथ में लेकर देखते हैं और रख देते हैं।]

काशीकर : प्रॉसिक्यूशन कन्टिन्यू...।

सुखात्मे : अब इस आखिरी गवाही के बाद, जो कि अत्यन्त महत्वपूर्ण थी, हमारी गवाहियाँ खत्म हो चुकी हैं। मी लॉर्ड! द केस फॉर द प्रॉसिक्यूशन रेस्ट्स।

[बहुत अधिक थका हुआ-सा कुर्सी पर बैठ जाता है।]

काशीकर : *(न्यायमूर्ति की गम्भीरता से)* अटर्नी फॉर द एक्यूज्ड।

[सुखात्मे अभियुक्त के वकील की हैसियत से पास के एक स्टूल पर बैठ जाते हैं।]

: आप के पक्ष का कोई गवाह हो तो उसे बुलाइए।

[सुखात्मे ग्लानि और निराशा से झुके-झुके उठते हैं। वकीलाना अभिवादन करते हैं, फिर बुझे हुए स्वर में बोलते हैं।]

सुखात्मे : यस, मी लॉर्ड! हमारे प्रथम गवाह हैं प्रोफेसर दामले।

रोकड़े : *(चोबदार की तरह)* दामले हाजिर! प्रोफेसर दामले हाजिर हैं? *(काशीकर से)* प्रोफेसर दामले गैर-हाजिर हैं?

काशीकर : *(सुखात्मे से)* नेक्स्ट विटनेस प्लीज।

सुखात्मे : अवर नेस्ट विटनेस नाना साहब शिन्दे।

काशीकर : *(दाँत खोदते हुए)* गैर-हाजिर। वह यहाँ क्या करने आएँगे? नेक्स्ट।

सुखात्मे : इस मंडली के सदस्य मिस्टर रावते...।

काशीकर : वह भी गैर-हाजिर। हो चुके अभियुक्त के गवाह।

सुखात्मे : फरियादी से क्रॉस क्वेश्चन करना चाहता हूँ, मी लॉर्ड।

काशीकर : इजाजत अनामंजूर। टेक योर सीट।

सुखात्मे : *(ठंडी साँस भरकर)* केस फॉर द एक्यूज्ड रेस्ट्स।

[जाकर अभियुक्त के वकील के स्टूल पर निढाल से बैठ जाते हैं।]

काशीकर : *(दाँत में फँसा हुआ टुकड़ा थूककर)* गुड! नाउ अटर्नी फॉर द प्रॉसिक्यूशन। अब वक्त बरबाद न किया जाए।

[सुखात्मे जगह बदलते हैं। पुनः मूल स्थान पर उत्साह से बैठते हैं। और फिर उठकर अखड़िया मल्ल की तरह आगे बढ़ते हैं।]

काशीकर : संक्षेप में कहिए।

सुखात्मे : *(सरकारी वकील की हैसियत से)* मी लॉर्ड! अभियुक्त मिस लीला बेणारे के ऊपर पाए गए अभियोग का स्वरूप महा भयंकर है। मी लॉर्ड! कठघरे में खड़ी हुई इस स्त्री ने स्वर्ग से भी अधिक पवित्र मातृत्व को अपने कुकर्मों से कलंकित किया है। उसे कोर्ट द्वारा दिया गया कठोर से कठोर दंड भी कम है। अभियुक्त का चरित्र अत्यन्त लज्जाजनक है। नैतिकता को तो उसने सरे बाजार नीलाम कर दिया है। अपने पतित आचरण से उसने सामाजिक और नैतिक मूल्यों का गला घोंट दिया है। अभियुक्त समाज की प्रबल शत्रु है। इस तरह की समाज घातक प्रवृत्तियों को अगर बढ़ावा मिलता रहा तो एक दिन यह देश और इसकी संस्कृति रसातल में चली जाएगी। इसीलिए मेरा कहना है कि भावनाओं में न बहकर कोर्ट अभियुक्त के गुनाहों पर कठोर कर्तव्य का स्मरण करने के बाद ही निर्णय ले। अभियुक्त पर

आरोप भ्रूण-हत्या का है। किन्तु उसने उससे भी गम्भीर गुनाह किया है। वह है विवाह से पहले माँ बनने का। बगैर विवाह का मातृत्व हमारे धर्म और संस्कृति में महापाप माना गया है और फिर उस अवैध सन्तान को पाल-पोसकर बड़ा करने का अभियुक्त का संकल्प यदि सफल हो गया तो समाज का अस्तित्व ही खतरे में पड़ जाएगा। नैतिक मूल्यों का तो नामोनिशान मिट जाएगा। यह एक भयंकर आशंका है मी लॉर्ड। भ्रूण-हत्या अत्यन्त पतित कर्म है और उससे भी पतित कर्म किसी अवैध सन्तान को पाल-पोसकर बड़ा करना है। इससे बढ़ावा मिलने पर समाज में विवाह संस्था जैसी चीज ही मिट जाएगी, अनाचार और पापाचार का बोलबाला हो जाएगा। संस्कार युक्त समाज का जो हमारा सुन्दर स्वप्न है, वह देखते-देखते मिट्टी में मिल जाएगा। अपनी परम्परा, अपनी इज्जत, संस्कृति और यहाँ तक कि अपने धर्म की भी नींव में बारूद लगाकर उसे समूल नष्ट कर देने का इरादा इस अभियुक्त स्त्री से लगता है। इसलिए मैं कहता हूँ कि हममें हर समझदार, बुद्धिमान तथा विचारशील नागरिकों एवं न्याय देवता का यह पवित्र और आवश्यक कर्तव्य है कि उसे आकार लेने से पहले ही नष्ट कर दिया जाए। अभियुक्त स्त्री है यह सोचकर उस पर दया करने की जरूरत नहीं है, स्त्री पर तो समाज को बनाने का दायित्व और भी अधिक है। 'न स्त्री स्वातंत्र्यमर्हति' यह हमारी परम्परा का सर्वमान्य नियम है। इस नियम के अनुसार मैं दावे के साथ माँग करता हूँ कि न 'मिस बेणारे स्वातंत्र्यमर्हति।' अभियुक्त पर दया करके कोर्ट उसे कठोर-से-कठोर दंड दे। इस आग्रह के साथ मैं फरियादी पक्ष की बहस खत्म करता हूँ।

काशीकर : गुड! अटर्नी फॉर द एक्यूज्ड। अभियुक्त का वकील।

[सुखात्मे जगह बदलकर निढाल-से फिर उठते हैं।]

सुखात्मे : *(भारी कदमों से चलकर, निराश और उदास स्वर में)* मी लॉर्ड! गुनाह बहुत गम्भीर है। मैं इस पर इन्कार नहीं करता। मगर मनुष्य आखिर एक कमजोर प्राणी है और यौवन मनुष्य को अन्धा कर देता है। इस बात को ध्यान में रखकर ही अभियुक्त के हाथों अनजान में हो गए इस अपराध पर क्षमा की भावना से विचार किया जाए। दया! मी लॉर्ड, मानवता के नाते दया...।

[न्यायमूर्ति की मेज के पास आ जाते हैं। बेणारे एकदम निश्चल और बेजान-सी हो जाती है।]

काशीकर : गुड! अभियुक्त बेणारे...*(बेणारे चुप)* अभियुक्त बेणारे! सजा भोगने से पहले तुम्हें अपने अभियोग के बारे में कोई सफाई देनी है? *(घड़ी सामने रखकर)* अभियुक्त को दस सेकंड का वक्त दिया जाता है।

[वह उसी तरह चुप और बेजार। कहीं से पार्श्व संगीत उभरता है। प्रकाश बदलता है। सम्पूर्ण कोर्ट इस क्षण जिस स्थिति में है उसी स्थिति में निस्तब्ध हो जाता है और अब तक बेजान-सी बैठी हुई बेणारे उठकर खड़ी होती है, मूर्ति की तरह।]

बेणारे : हाँ! बहुत कुछ कहना है मुझे। *(अँगड़ाई लेकर)* कितने बरस बीत गए, कुछ कहा ही नहीं। क्षण आए, चले गए। एक के बाद एक तूफान आए, मगर कंठ में ही घुटकर रह गए। छाती में प्राणान्तक आक्रोश उठे, किन्तु इर बार होंठों को कसकर भींच लिया। लगा कि कोई भी इसे जान नहीं सकेगा, कोई भी समझ नहीं सकेगा इसे। जिस समय शब्दों का प्रचंड ज्वार उमड़ता हुआ आकर होंठों से टकराने लगता है तो लगता है वह मेरे आसपास रहने वाले आदमी कितने नामसझ, पागल और बचकाने हैं। सभी! वह भी, जो नितान्त अपना है। दिल करता है उन पर भी जी भर हँसती रहूँ। बस, हँसती ही रहूँ। और तब मन फूट-फूटकर रो उठता है और इतना रोता कि आँतें ऐंठने

लगती हैं। लगता कि हृदय फट जाए तो अच्छा हो। जिन्दगी कितनी सारहीन लगती। एक गहरा निःश्वास भरकर मगर प्राण नहीं जाते और न जाने पर फिर उसके महत्व का अहसास होता है। आने वाला हर क्षण फिर कितना नया और अनोखा लगता है। आकाश, पक्षी, बादल, किसी सूखे तरु की धीरे से झाँकती हुई कोई टहनी और खिड़की में हिलता हुआ परदा। चारों ओर फैली हुई नीरवता और कहीं दूर से आती हुई अस्पष्ट आवाजें, हॉस्पिटल की दवाओं की भभक यह सब भी तब जिन्दगी की रस से परिपूर्ण लगती हैं। लगता है जिन्दगी चौकड़ी भरती हुई मेरे लिए गीत गा रही है। कितना ज्यादा था आत्महत्या की असफलता का आनन्द। जीवित रहने की वेदना से भी ज्यादा...*(गहरी साँस भरकर)* जिन्दगी को व्यर्थ जानकर फेंकने लगोगे, तभी उसके अस्तित्व का एहसास होगा, मजा है न? सँजोकर रखो तो फेंक देने की इच्छा हो और फेंक दो तो उसके बच जाने का सुख मिले, कुछ भी सम्पूर्ण नहीं है। बार-बार वही, उसी तरह *(शिक्षिका की तरह)* जीवन ऐसा है, जीवन वैसा है, जीवन अमुक है, जीवन तमुक है–जीवन चिन्दी-चिन्दी होकर बिखरता हुआ एक ग्रन्थ है, जीवन यानी विश्वासघात है, जीवन यानी प्रतारणा है, जीवन यानी नशा है, जीवन यानी आवारागर्दी है। जीवन, यानी ऐसा कुछ है जो कुछ नहीं है या ऐसा कुछ भी नहीं है जो सचमुच कुछ हो। *(सहसा कोर्ट के अनुरूप पोज लेकर)* मी लॉर्ड! जीवन एक भयंकर हस्ती है। जीवन को फाँसी पर लटका देना चाहिए। 'जीवन जीवन मर्हति' जीवन की पड़ताल करके उसे नौकरी से निकाल देना चाहिए। लेकिन क्यों? क्यों आखिर? अपने काम में मैंने कभी कोई कोर-कसर की? प्राण देकर अपने बच्चों को बनाया है मैंने। शिक्षा दी है। जानती थी मैं, यह जिन्दगी आसान नहीं है। आदमी बहुत क्रूर हो सकता है। अपने सगे-सम्बन्धी भी जानने-समझने की तवालत नहीं उठाएँगे। इस जीवन का बस एक ही

सत्य है–शरीर! आप इससे इन्कार करें तो करें, करते रहें। मगर यही सत्य सर्वमान्य है। भावना तो बस आवाज में कम्पन पैदा करके मीठी-मीठी बातें करने की अदा है। मैं देख रही थी सब कुछ! उसी में जी रही थी और भीतर ही भीतर झुलस रही थी। मगर क्या इस बात को कोई जानता है कि उन नन्ही-नन्ही कोंपलों को मैंने अपने उस झुलसन की आँच भी नहीं लगने दी। इस विष को अकेले पचाया है मैंने। वह जानते भी नहीं। उन्हें तो मैंने सौन्दर्य की शिक्षा दी है। मन में उमड़ती हुई हिचकियों को दबाकर उन्हें बेतहाशा हँसाया है मैंने। मन की निराशा को छुपाकर आशावादी बनाया है उन्हें। कौन सा वह गुनाह है जिसके आधार पर तुम मेरी नौकरी मेरी इकलौती खुशी छीन रहे हो मुझसे? मेरा निजी चरित्र मेरी अपनी समस्या है। अपने इस गुनाह का दंड क्या भोगना होगा, इसे मैं निश्चित करूँगी जैसे हर व्यक्ति को करना चाहिए। इस पर उँगली उठाने का अधिकार किसी दूसरे को नहीं मिल सकता। हर किसी का अपना अलग व्यक्तित्व मार्ग और फिर अन्त होता है। मगर वह सार्वजनिक कैसे हो सकता है? *(एकाएक स्कूल के हल्के-फुल्के मूड में)* शश ऽऽऽ आवाज बन्द। साइलेन्स! कितना शोर? *(कठघरे से निकलकर सब तरफ घूमने लगती है, जैसे क्लास रूम में चल रही हो।)* एकदम चुपचाप बैठे रहो सब। *(निश्चेष्ट बैठे हुए एक-एक व्यक्ति को बारी-बारी से देखकर)* बेचारे बच्चो! जानते हो यह सब कौन हैं?

[एक-एक चेहरे पर प्रकाश केन्द्रित होता है। सबके चेहरे भयानक, जड़वत् प्रेत जैसे दिखाई देते हैं।]

: यह बीसवीं शताब्दी के सुसंस्कृत मानव के अवशेष हैं। देखो ये चेहरे कितने जंगली लग रहे हैं। होंठों पर घिसे-पिटे खूबसूरत औपचारिक शब्द हैं, भीतर अतृप्त और विकृत वासनाएँ...।

[स्कूल का पीरियड खत्म होने का घंटा। बच्चों का अस्पष्ट-सा शोर। उसे सुनती-सुनती वह क्षण भर के लिए तल्लीन हो जाती है। आवाजें दूर होती अन्ततः डूब जाती हैं। एक चुप्पी। वह जैसे सोते से जागती है। अपने चारों तरफ देखती है और उस चुप्पी से बहुत भयभीत हो जाती है।]

: नहीं-नहीं, मुझे ऐसे अकेली छोड़कर न जाओ रे, बच्चो। मुझे इनसे भय लगता है—बहुत भय लगता है। *(भय से मुँह छुपाकर व्याकुल स्वर में)* कबूल करती हूँ, मैंने पाप किया है। मैंने माँ के भाई से प्रेम किया है। मगर घर के बन्धनों के बीच...मेरी खिलती-गदराती हुई देह की बहार में अकेला वही तो मेरे करीब आया था—उसी ने तो उस बहार का दिन-रात बखान किया था...लाड़ किया, दुलराया...मुझे क्या पता कि हृदय से जिसके साथ एकरूप होने की तीव्र इच्छा होती हो...जिसके केवल संसर्ग से सम्पूर्ण जीवन सार्थक-सा लगता हो वह अगर माँ का भाई है तो सब कुछ पाप में बदल जाएगा। अरे कुल चौदह साल की तो थी मैं। पाप क्या होता है यह जानती भी नहीं थी मैं—माँ की सौगन्ध। *(छोटी बच्ची की तरह बिलखकर रोती हुई)* मैंने विवाह के लिए जिद की थी तो सिर्फ इसलिए कि औरों की तरह एक सुखी गृहस्थी की कल्पना मेरे मन में भी थी। मगर सबके साथ मेरी माँ ने भी उसका विरोध ही किया। मेरा पुरुष दुम दबाकर भाग गया। इतना क्रोध आया उस पर कि जी चाहा सरे बाजार खड़ा करके उसका मुँह तोड़ दूँ। थूक दूँ उसके मुँह पर! पर उस समय मैं बहुत छोटी थी, कमजोर थी, अनजान थी। अपने को मृत्यु के हवाले करने के लिए घर के छज्जे पर से कूद पड़ी। मगर मर नहीं सकी, सोचा, तन से नहीं मर सकी तो मन से तो मर ही गई हूँ। मगर मैं मन से भी नहीं मर सकी थी। मैंने फिर से प्रेम किया था। सोच-समझकर किया। प्रौढ़

उम्र में किया—सोचा था कि यह प्रेम कुछ और तरह का है। यह प्रेम नहीं श्रद्धा है। यह एक अनूठी बौद्धिकता के प्रति आकर्षण है। यह प्रेम हो ही नहीं सकता, यह तो भक्ति है। मगर फिर मैंने भूल की। मन द्वारा की गई उस भक्ति में तन का नैवेद्य चढ़ गया। और नैवेद्य पाते ही मेरी बुद्धि का देवता मुकर गया। उसे मेरी भक्ति की, मेरी श्रद्धा की दरकार कहाँ थी? बिल्कुल ही नहीं थी। *(हल्के स्वर में)* वह देवता था ही नहीं। वह मनुष्य था। बस। फिर वही शरीर! *(चीखकर)* यह शरीर ही सारा अनर्थ करता है। *(वेदना से व्याकुल होकर)* इस शरीर से घृणा है मुझे। और बहुत-बहुत प्यार भी है। इस पर क्रोध आता है, मगर इसके अस्तित्व को नकार नहीं सकती मैं। तो फिर? वह तो रहेगा ही और तेरा होकर ही रहेगा। इसे छोड़कर तू जाएगी कहाँ? और यह भी तुझे छोड़कर कहाँ जाएगा। कृतघ्न मत बन। यही है वह शरीर जिसने तपकर तुझको एक अतिशय सुखदायी स्वर्गिक तृप्त क्षण दिया था। भूल गई? यही है वह जिसने तुझे शरीर से परे—बहुत ऊँचे दिव्यलोक में उस क्षण पहुँचा दिया था। इन्कार करेगी? बोल। और अब उसी में तो पनप रहा है उस क्षण का साक्षी एक नन्हा कोमल अंकुर...हाँ। मेरे बच्चे का है वह बीज मेरे प्राण का! जो कल हँसता-खिलखिलाता, नाचता-थिरकता एक जीव होगा। यह शरीर मुझे चाहिए—उसके लिए यह शरीर मुझे चाहिए। सचमुच चाहिए। *(आँखें बन्द हो जाती हैं। उसी आवेग में कुछ बुदबुदाती रहती है।)* उसे माँ चाहिए—पिता का हकदार है वह। उसे घर चाहिए... संरक्षण चाहिए...प्रतिष्ठा चाहिए...।

[अन्धकार। उजाला। सेकंड की टिकटिक। बेणारे कठघरे में पहले की तरह निश्चल और चुप। अन्य सभी अपनी-अपनी जगह पर।]

काशीकर : *(घड़ी वाला हाथ नीचा करके)* टाइम इज अप। अभियुक्त

को कुछ कहना नहीं है। वैसे कहने से कोई लाभ भी नहीं। पाप का घड़ा अब पूरी तरह भर चुका है। नाऊ जजमेंट। *(रोकड़े से) मेरा विग! (रोकड़े जल्दी से विग निकालकर देता है। विग पहनकर धार्मिक विधि की सी गम्भीरता से)* अभियुक्त मिस बेणारे! ध्यान देकर सुनो! तुम्हारा गुनाह महाभयंकर है इस गुनाह की क्षमा नहीं है। पाप के लिए प्रायश्चित्त होना ही चाहिए! बहकाने वाली निरंकुश प्रवृत्तियों पर अंकुश लगाना ही चाहिए। सामाजिक परम्पराएँ चाहे जैसी भी हों, महत्वपूर्ण होती हैं। मातृत्व निष्कलंक और पवित्र होना चाहिए। उस पवित्रता में दाग लगाकर तुमने परम्पराओं की नींव में जो बारूद लगाई है उसके लिए अदालत यह गम्भीर फैसला करती है कि तुम्हारा गुनाह दया से परे है और तुम इतने गम्भीर गुनाह के बाद भी जिस ठसक के साथ समाज में घूमती रही हो वह और भी अक्षम्य है। गुनाह करने वाले पापियों को अपनी सीमा के भीतर ही रहना चाहिए, मगर तुमने वह सीमा तोड़ दी है। तुम्हारी यह उद्दंडता कोर्ट के क्रोध में घी की आहुति डालती है। तुम्हार हाथों में समाज की आने वाली पीढ़ी का भाग्य और भविष्य था। यह कितनी भयंकर बात थी। तुम अपने इसी दुराचरण की मुहर देश की भावी पीढ़ी पर भी लगाने वाली थीं। अर्थात् सिर्फ वर्तमान ही नहीं, समाज का आगत भविष्य भी तुम्हारे दुष्कर्मों से खतरे में पड़ गया था। तुमको नौकरी से निकाल देने का फैसला करके स्कूल के अधिकारियों ने एक महान पुण्य कार्य किया है। ईश्वर की दया से तुम्हारे दुराचरण के प्रभाव से समाज अभी बचा हुआ है। तुम्हारी तरह की स्त्रियों के हाथ से यह गुनाह बार-बार न हो, इस चेतावनी की नीयत से कोर्ट तुम्हारे लिए यह फैसला करती है कि तुम्हें जीवित छोड़कर तुम्हारे गर्भ में पल रहे जीवन को पूरी तरह से नष्ट कर दिया जाए, ताकि तुम्हारे पाप-कर्मों का सबूत भावी पीढ़ी के लिए मौजूद न रहे।

बेणारे : *(एकदम व्याकुल होकर)* नहीं, नहीं, नहीं! यह मैं तुम्हें नहीं करने दूँगी...नहीं...।

[सारे लोग पत्थर के बुत-से निश्चल, गम्भीर। बेणारे बिलखती हुई अभियुक्त के वकील के स्टूल के पास जाती है। बेजान-सी उस पर बैठती है। दुख के आवेग से बैठा नहीं जाता है। मेज पर सिर रखकर रोती रहती है। एकदम चुप। इस बीच काफी अन्धकार हो गया है। दरवाजा खटकता है। सब चौंककर उधर देखते हैं। धीरे से दरवाजा जरा-सा खुलता है। उसमें से प्रकाश की लकीर भीतर घुसती है। दो-तीन चेहरे अन्दर झाँकते हैं।]

एक चेहरा : *(अन्दर सब तरफ ध्यान से देखता हुआ)* कार्यक्रम शुरू हो गया है क्या? अभिरूप न्याय सभा?

[सबको किसी बात के स्मरण से यकायक धक्का लगता है। कुछ नए सिरे से याद आता है। सामन्त लाइट कर देता है। फौरन सब नॉर्मल होने लगते हैं।]

सामन्त : *(उठकर दरवाजे के पास जाकर)* आँ! नहीं-नहीं। अभी...अभी शुरू हो जाएगा। मगर आप लोग जरा बाहर ही रहिए। चलिए—बस पाँच मिनट और...चलिए *(उन्हें किसी तरह ठेलता हुआ बाहर ले जाता है।)*।

कर्णिक : अरे, बाप रे बाप! बहुत ही ज्यादा समय गुजर गया।

काशीकर : समय का तो पता ही नहीं चला जी।

पोंक्षे : व्हाट्स द टाइम? अँधेरा हो गया।

काशीकर : रोकड़े, समय पर निगरानी रखने का काम तुम्हें सौंपा गया था न? फिर क्या कर रहे थे अब तक? नालायक कहीं का!

सुखात्मे : जाने दीजिए काशीकर। लेकिन आज मजा वैसे बहुत आया बिल्कुल असली केस लड़ने वाला आनन्द मिला।

काशीकर : चलो-चलो। सब तैयार हो जाओ चटपट।

पोंक्षे : आई एम ऑलवेज रेडी।

[बेणारे की तरफ इंगित करता है। सब ठिठक जाते हैं। गम्भीर और सहमे-से सब बेणारे के चारों ओर खड़े हो जाते हैं।]

मि. काशीकर : *(अपनी वेणी टटोलती हुई)* इसने तो लगता है बहुत ही ज्यादा 'ये' किया है जी। कमजोर दिल की लगती है बिचारी।

काशीकर : और क्या? लगता है, बहुत फील कर गई है। आफ्टर ऑल इट वाज...।

सुखात्मे : जस्ट अ गेम। और क्या? गेम बस।

पोंक्षे : अ शियर गेम।

कर्णिक : बेणारे बाई! चलिए, उठिए। शो का समय हो गया। शो मस्ट गो ऑन।

काशीकर : *(बेणारे को झकझोर कर)* उठ रे, बेणारे! अरे, कार्यक्रम समय पर होगा कि नहीं। उठ जल्दी! चल! अरे, वह तो सब झूठ था! सच थोड़े ही था कुछ!

[सामन्त आकर दरवाजे पर खड़ा है।]

पोंक्षे : सामन्त, चाय का अरेंजमेंट करो। बाई को चाय की जरूरत है।

सामन्त : अच्छा।

[काशीकर जज की कुर्सी से उठते हुए विग उतारते हैं। सहसा टिक ट्वेंटी की शीशी पर नजर पड़ती है। एकटक उसे देखते रहते हैं। फिर फौरन उस पर से ध्यान हटाकर सबसे कहते हैं।]

काशीकर : चलो-चलो, मुँह-हाथ धोकर तैयार हो जाओ सब लोग। चलो, बहुत हो गया खेल–नाऊ टु बिजनेस...चलो...।

[सब लोग बिना आहट किए हुए एक झुंड में भीतर के कमरे में एक-एक कर घुस जाते हैं। रंगमंच में

निश्चल और बेजान-सी पड़ी हुई बेणारे। दरवाजे पर यह देखता हुआ खड़ा सामन्त। वह बहुत परेशान-सा एक मर्यादा में बँधा-बँधा दरवाजे के एक तरफ से धीरे से अन्दर आता है। मंच पर रखे हुए सामान में से चुपचाप अपना हरा तोता उठाता है और दरवाजे की दिशा में वापस जाने लगता है पर उससे जाया नहीं जाता। वह चुपचाप पड़ी हुई बेणारे से कुछ दूर चलकर ठिठक जाता है। उसे देखकर व्याकुल होता है। क्या करे, कुछ समझ नहीं पाता। धीरे से आवाज देता है।]

सामन्त : बाई!

[कोई प्रत्युत्तर नहीं। वह और अधिक व्याकुल हो उठता है। सुविधा में उसे कुछ और नहीं सूझता। वह अपना हरे रंग का कपड़े का तोता दूर ही खड़ा-खड़ा अदब और वात्सल्य से हल्के हाथ उसके निकट रख देता है और दबे कदम बाहर चला जाता है।

बेणारे में जरा सी अशक्त हरकत होती है और वह फिर उसी तरह निश्चल हो जाती है। कपड़े का हरे रंग का तोता उसके पास पड़ा हुआ है। कहीं से उसी के स्वर में गीत के बोल सुनाई देते हैं... ।]

बुलबुल से सुगना कहे
    क्यों गीले तेरे नैन
कहाँ रहूँ ओ सुनना दादा
    कहाँ बिताऊँ रैन
कहाँ गया मेरा रैन बसेरा
    चिव चिव चिव
    चिव चिव चिव रे
    चिव चिव चिव!

काग़ा भैया, काग़ा भैया
मेरा बसेरा देखा भैया
ना मैं भैया ना तू बहना
बात बसेरे की ना कहना
क्या जानूँ मैं तेरा बसेरा
चिव चिव चिव
चिव चिव चिव रे
चिव चिव चिव!

(परदा)

●●●